财政金融文库
金融学精品系列

河南省科技金融融合效率及提升路径研究

RESEARCH ON THE EFFICIENCY AND IMPROVEMENT PATH OF SCIENCE AND TECHNOLOGY FINANCE IN HENAN PROVINCE

肖萍◎著

中国经济出版社
CHINA ECONOMIC PUBLISHING HOUSE
·北京·

图书在版编目（CIP）数据

河南省科技金融融合效率及提升路径研究／肖萍著
．--北京：中国经济出版社，2021.11
ISBN 978-7-5136-6698-5

Ⅰ．①河… Ⅱ．①肖… Ⅲ．科学技术-金融-经济发展-研究-河南 Ⅳ．①F832.761

中国版本图书馆 CIP 数据核字（2021）第 209942 号

责任编辑　罗　茜
责任印制　马小宾
封面设计　任燕飞

出版发行　中国经济出版社
印 刷 者　北京九州迅驰传媒文化有限公司
经 销 者　各地新华书店
开　　本　710mm×1000mm　1/16
印　　张　15.25
字　　数　211 千字
版　　次　2021 年 11 月第 1 版
印　　次　2021 年 11 月第 1 次
定　　价　78.00 元
广告经营许可证　京西工商广字第 8179 号

中国经济出版社 **网址** www.economyph.com **社址** 北京市东城区安定门外大街 58 号 **邮编** 100011
本版图书如存在印装质量问题，请与本社销售中心联系调换（联系电话：010-57512564）

前言

PREFACE

随着经济全球化的深入发展，科技已成为建设创新型国家的重要手段和基本保证。经济发展与社会进步越来越倚重科技创新能力和金融市场配置效率，尤其是科技创新链条与金融市场链条的融合，是社会进行生产方式和生活方式变革的重要动力。因此，要使科技型中小企业得到更好的发展，社会科技水平得到提升，经济发展方式得到转变，就必须大力发展科技金融，让科技产业与金融产业融合发展。

目前，河南省正处在全面推进创新驱动发展战略，建设发展粮食生产核心区、中原经济区和郑州航空港经济综合试验区的关键时期。加快经济转型发展、培育河南省核心竞争力的根本在于扩大科技投入、提高创新驱动能力、加强科技与金融的高度融合。河南省政府为了促进科技和金融的融合发展出台了一系列政策措施，建立了完善的科技金融服务体系和平台，全面扩大科技投入，为提高河南省创新驱动能力奠定了重要的物质基础。

实际上，河南省在科技金融融合创新上的投入与产出并不理想，存在着金融服务体系单一，商业银行支持科技企业的力度不够，地方政府、各类金融机构和非金融机构参与较少，风险担保补偿机制不完善，不能满足生产发展、科技成果转化的融资需求等一系列问题。要创新科技金融发展模式，不仅需要政府、相关金融机构的大力支持，企业自身也要大力创新。基于此，河南省的科技金融发展应从构建“政府引导监督、金融主导培育和中介服务支持”三位一体的科技金融体系开始，为科技金融发展提供良好的保障机制，构建完善的风险保障体系，建立健全多层次资本市场，让急需资金的科技企业能够获得良好的金融支持，从而实现科技成果转化的财富化和资产化，使金融通过参与科技创新获得更大的利润空间，实现三方利益共赢。

本书共分十章来对河南省科技金融效率进行研究，各章的主要研究内容如下：

第 1 章，引言。作为全书的导入部分，本章主要介绍研究背景，引出研究目的和意义，阐述研究思路、内容和技术路线，构建本书的组织结构，并对研究方法加以描述，指出本书的创新与不足之处。

第 2 章，文献综述。本章主要阐述问题的“来龙去脉”，围绕科技金融的概念、科技金融体系、各地科技金融的政策和发展模式、科技金融效率度量等方面对相关文献进行较为全面的梳理和归纳，得出结论，并进行简要评述。

第 3 章，科技金融支持科技型产业发展的理论分析。首先，本章描述了河南省科技金融发展经历的三个阶段：1978 年之前的计划经济时期、1992 年之后的市场经济体制时期、2006 年之后的快速协调发展时期。其次，对科技的概念进行界定，明晰了科技金融的概念、特征、来源渠道及参与主体，并对科技型企业相关概念进行了界定。最后，分析了科技和金融的关系，对科技金融的“麦克米伦缺口”理论、投资与创新不可分割论、演化经济理论与技术创新路径等相关理论进行了梳理，为金融促进科技创新、科技金融促进科技型企业发展奠定了理论分析基础。

第 4 章，科技金融发展融合的实践探索与现状。首先，本章回顾了新中国成立以来我国科技金融发展融合的历程，大致划分为萌芽酝酿期、起步探索期、多元发展期、快速协调发展期和不断融合期五个阶段。其次，用全国研究与实验发展（R&D）人员全时当量指标反映我国科技发展过程中的人员投入情况，用 R&D 经费指标反映我国各主体部门对科技研发活动经费的支持情况，用其他资金反映金融机构的科技贷款和资本市场情况，用对高技术产业的R&D经费投入来反映国家对科技的金融支持力度，并从科技金融的R&D人员全时当量、R&D经费来源中其他资金和高技术产业R&D经费投入来具体分析科技金融投入的现状，既有对河南省科技金融相关政策的介绍，也有对科技风险投资机构状况的描述，还有对科技经费投入规模以及证券市场发展的分析。最后，用国内有效专利数、技术市场合同成交额和高技术企业主营业务收入来具体分析科技金融的产出现状。具体表现为：投入上，保障性政策得到进一步完善、财政科技拨款逐年增加、R&D经费支出持续增长；产出上，科技成果产量逐年增加、科技成果转化率逐年上涨、科技成果产业化水平稳定增长。可以说，河南省科技金融发展取得了一定成就，如拓展了科技型企业的融资渠道、科技成果取得了显著效果、科技型企业科技产量大幅度提升、自主创新成果显现、产业技术实现了创新等，但仍存在“短板”，如缺乏多元化的金融服务体系，金融支持保障机制不完善，科技经费投入总量和结构不够理想，与广东、北京、上海等地还存在较大的差距。河南省科技金融融合效率的有效性需进一步验证，其科技金融融合效率的提升任重道远。

第5章，河南省科技金融融合效率的实证研究。首先，本章构建了河南省科技金融融合效率评价模型的指标体系，具体包括R&D经费支出、地方财政科技拨款、高技术产业新增固定资产等反映金融投入的指标；发表科技论文数、发表专利授权数、技术市场成交合同额、高技术产业新产品销售收入等反映科技产出的指标，并运用DEA方法对河南省2001—2016年科技金融效率进行估算，得出河南省支持科技创新的金融投入还存在一定的优化空间的结论。河南省在注重科技金融投入的同时，应加强对投入要素的有效管理，提高科技金融投入的综合效能，以促进科技金融与科技产出的协调快速发展。其次，本章从宏观角度按照科技创新的资金来源主体（政府、企业、金融机构、资本市场）对影响河南省科技金融的因素进行分析；进一步从政府、企业、金融机构、科技人员、资本市场五个主体方面选取政府财政科技支出占地方财政支出的比重、企业 R&D 经费投入强度、高技术企业利润总额占 GDP 的比重、金融机构年底各项贷款余额占 GDP 的比重、R&D 人员折合全时当量、风险投资机构数量作为模型的解释变量，以 2001—2016 年河南省科技金融综合效率为被解释变量，通过 DEA-Tobit 二阶段模型对影响科技金融效率的因素进行具体量化，探明影响科技金融效率的重要因素。实证结果表明，财政科技投入不再是影响河南省科技金融效率的因素，影响河南省科技效率的主要因素为企业 R&D 资金投入强度、金融机构年底各项贷款余额占 GDP 的比重、创业风险投资机构数量、R&D 人员折合全时当量。

第 6 章，科技金融对河南省高技术产业的影响。首先，本章揭示了科技金融促进高技术产业发展的作用机制，即资本形成机制、风险分散机制、信息公开机制。河南省科技金融支持高技术产业发展也取得了一些成效：一方面，河南省政府加大了对高技术产业 R&D 经费的投入，人才引进机制也不断完善；另一方面，河南省金融机构不断创新科技金融产品，为本地高技术产业保驾护航，并搭建科技金融合作平台，助力当地中小型高技术企业成长。其次，具体描述了河南省 1995—2015 年政府拨款额度、金融机构贷款额度、风险投资管理资本总额全国数据、高技术企业数量、高技术产业 R&D 从业人员数、高技术产业主营业务收入的情况。具体表现为：高技术产业主营业务收入快速增长；高技术产业 R&D 经费中政府拨款额度不断上升；高技术产业 R&D 经费中金融机构贷款额度虽分布不规则，但总体上，呈不断增长的态势。最后，本章构建了柯布-道格拉斯生产函数，选取政府拨款额度、金融机构贷款额度、风险投资管理资本总额全国数据、高技术企业数量为解释变量，以高技术产业 R&D 从业人员数作为控制变量，以河南省高技术产业主营业务收入作为被解释变量，计量科技金融对高技术产业发展的影响。

实证结果表明：科技金融很好地促进了高技术产业的发展。具体来讲，第一，人才储备始终是产业发展的原动力，高技术产业 R&D 经费内部支出对于高技术产业产值增长起到了正向推动作用，但支持的力度尚显不足，企业自身资金的不断投入是科技创新的最根本的动力；第二，政府财政对河南省高技术产业的发展起到了正面引导作用，但仍需进一步加大投入力度；第三，金融机构贷款对高技术产业的发展起到了一定的推动作用，但扶持力度稍显不足；第四，科技资本市场投入额的增加明显促进了河南省高技术产业的发展；第五，高技术企业数量与高技术产业发展有一定的相关关系。

第 7 章，国内外科技金融发展模式研究。首先，本章主要总结了美国的资本主导型模式、德国的银行主导型模式和韩国的政府主导型模式的成功之处，总结出科技金融发展主导主体因地区而异、政府作用凸显程度相异、法律的作用逐渐显现、金融创新至关重要等成功经验。其次，分析了北京中关村的政府主导型模式、苏州的多方共担风险模式、广东的“三融合”模式，并总结出了强化政府对科技金融的引导作用、有效整合金融资源搭建科技金融平台、丰富科技金融产品种类、强化政府的金融监管力度等成功经验。最后，通过对资本市场主导型、银行融资主导型、政府投入主导型和民间主导型等多种科技金融发展模式进行分析，发现虽然不同国家和地区的科技金融发展模式各异，但都因地制宜，并结合自身的优势发展了适合的科技金融模式。本章在梳理分析国内外比较成熟的科技金融发展模式的基础上，试图探寻适合河南省省情的科技金融创新模式，以迎接各种挑战，在原有优势的基础上完善自身短板。因此，在国家金融高质量发展的背景下，探寻适合河南省省情的科技金融创新模式必须结合自身特点，做好河南省科技金融发展的功能定位，完善自身短板，充分利用河南省政府、银行、社会资本、金融机构、资本市场的优势，促进科技创新和科技成果转化，为河南省的科技企业提供充足的资金支持，促进河南省的科技金融充分融合，有效助力河南省金融的高质量发展。

第 8 章，提升河南省科技金融效率的路径。本章在前文分析的基础上，从政府、金融和科技型企业三个角度确定合理的河南省科技金融效率提升的建设性方案，明晰需要借鉴和努力发展的方向。第一，政府应从健全科技金融法律保障体系、完善行政管理体系、健全信用担保体系、发展信息服务平台、加强政府财政扶持和完善社会服务体系等方面来支持科技金融效率的提升；第二，金融市场应从商业银行层面、多层次资本市场层面、科技保险层面和创业风险投资层面来促进科技金融效率的提升；第三，科技型企业应从完善自身核心组织结构、维护企业产品市场、优化企业人力资源、加强企业资金预算及管理、开展对外交流与合作等方面来促进科技金融效率的提升。

第 9 章，河南省科技金融融合发展的对策。本章主要从政府、金融机构和资本市场三个方面探讨推进河南省科技金融发展的政策安排。政府层面，建立完善的科技金融法律体系，建立财政预算、使用、监管分离的财政资金使用体制，设立地区种子基金与科技孵化器，加强科技金融人才供给；金融机构层面，鼓励商业银行设立科技银行、丰富科技金融服务产品、提高发行科技债券力度、加大对科技创新园区的信贷支持力度、完善科技金融创新综合服务平台的构建、建立健全科技金融风险担保与分摊机制；资本市场层面，大力发展多层次资本市场体系、鼓励科技创新型企业通过债券市场融资、强化发展区域性股权市场的力度、创新金融资产交易品种。总之，科技金融各主体应各司其职，针对科技企业资产少、专业性强和风险高的特征，充分利用财政资金的引导作用，降低科技金融风险，更好地为科技金融的良好发展贡献力量。

第 10 章，总结和思考。总结本书的主要内容，并在此基础上提出若干思考方向。

目 录

ONTENTS

第1章 引 言 …… 001

1.1 研究背景 …… 003

1.2 研究意义和目的 …… 005

1.2.1 学术意义 …… 006

1.2.2 政策价值 …… 007

1.2.3 研究目的 …… 007

1.3 研究思路、内容与技术路线 …… 008

1.3.1 研究思路 …… 008

1.3.2 研究内容 …… 008

1.3.3 研究技术路线 …… 009

1.4 研究方法 …… 010

1.5 创新与不足 …… 011

1.5.1 创新之处 …… 011

1.5.2 不足之处 …… 012

第2章 文献综述 …… 013

2.1 国内外研究情况 …… 016

2.1.1 科技金融的定义 …… 016

2.1.2 科技与金融的关系 …… 021

2.1.3 科技企业与科技金融的关系 …… 023

2.1.4 科技金融效率的度量 …… 024

2.1.5 科技金融风险研究 …… 026

2.1.6 科技金融的发展环境与路径 …… 027
2.1.7 科技金融机制和体系 …… 028
2.2 文献述评 …… 028
第3章 科技金融支持科技型产业发展的理论分析 …… 031
3.1 科技金融的概念 …… 033
3.1.1 科技金融产生的因素 …… 034
3.1.2 科技金融的特征 …… 036
3.1.3 科技金融体系 …… 036
3.2 科技型企业 …… 038
3.2.1 高技术产业的内涵 …… 038
3.2.2 科技型企业的界定 …… 041
3.2.3 金融对科技创新的促进作用 …… 044
3.3 科技金融相关理论基础 …… 045
3.3.1 “麦克米伦缺口”理论 …… 045
3.3.2 投资与技术创新不可分割论 …… 047
3.3.3 演化经济理论与技术创新路径 …… 048
3.3.4 “技术-经济范式”理论 …… 050
3.3.5 科技创新与金融之间的协同互动 …… 051
3.4 科技金融融合机制分析 …… 052
3.4.1 合作机制 …… 053
3.4.2 资源配置机制 …… 053
3.4.3 风险分担机制 …… 057
3.4.4 人才保障机制 …… 058
3.4.5 科技评估机制 …… 059
3.5 科技与金融融合的主要形式 …… 059
3.5.1 创业投资 …… 059
3.5.2 财政科技投入 …… 060
3.5.3 科技贷款 …… 061

3.5.4 科技资本市场 …… 062
3.5.5 科技保险 …… 063
3.6 本章小结 …… 064

第4章 科技金融发展融合的实践探索与现状 …… 065

4.1 科技金融发展融合的实践探索 …… 067
4.1.1 萌芽酝酿期（1978—1984年） …… 067
4.1.2 起步探索期（1985—1996年） …… 068
4.1.3 多元发展期（1997—2005年） …… 069
4.1.4 快速协调发展期（2006—2013年） …… 070
4.1.5 不断融合期（2014—2019年） …… 071
4.2 我国科技金融发展现状 …… 073
4.2.1 科技金融投入现状 …… 073
4.2.2 科技金融产出现状 …… 075
4.3 河南省科技金融发展的历程与现状 …… 077
4.3.1 河南省科技金融发展的历程 …… 077
4.3.2 河南省科技金融发展的现状 …… 078
4.4 河南省科技金融发展融合的成绩和不足 …… 093
4.4.1 河南省科技金融发展融合的成绩 …… 093
4.4.2 河南省科技金融发展融合的不足 …… 095
4.5 本章小结 …… 099

第5章 河南省科技金融融合效率的实证研究 …… 101

5.1 河南省科技金融融合效率的评价模型 …… 103
5.1.1 DEA方法简介 …… 105
5.1.2 DEA方法设定 …… 106
5.2 河南省科技金融融合效率的评价指标体系 …… 112
5.2.1 指标体系的构建 …… 112
5.2.2 指标相关性检验 …… 114

5.3 河南省科技金融融合效率的实证结果及分析 …… 115
5.3.1 CCR 模型结果分析 …… 116
5.3.2 BCC 模型结果分析 …… 117
5.3.3 规模有效性结果分析 …… 119
5.3.4 综合分析 …… 120
5.4 河南省科技金融效率的影响因素分析 …… 122
5.4.1 科技金融的主要影响因素 …… 123
5.4.2 Tobit 模型基本原理 …… 125
5.4.3 变量选取 …… 126
5.4.4 描述性统计分析 …… 128
5.4.5 Tobit 模型结果及分析 …… 130
5.5 本章小结 …… 134

第6章 科技金融对河南省高技术产业的影响 …… 135

6.1 科技金融促进高技术产业发展的作用机制 …… 138
6.2 河南省高技术产业的发展现状 …… 139
6.2.1 高技术产业的生产经营状况 …… 139
6.2.2 科技金融对河南省高技术产业发展的支持现状 …… 139
6.3 科技金融对河南省高技术产业发展影响的实证分析 …… 140
6.3.1 模型构建与变量描述 …… 141
6.3.2 数据描述统计 …… 142
6.4 实证结果及分析 …… 144
6.5 本章小结 …… 147

第7章 国内外科技金融发展模式研究 …… 149

7.1 国外科技金融发展模式 …… 151
7.1.1 美国科技金融发展模式 …… 151
7.1.2 德国科技金融发展模式 …… 159
7.1.3 韩国科技金融发展模式 …… 163

7.1.4 国外科技金融发展模式的启示 …… 167
7.2 国内科技金融发展模式 …… 168
7.2.1 北京中关村科技金融发展模式——政府主导型模式 …… 168
7.2.2 苏州科技金融发展模式——多方共担风险模式 …… 172
7.2.3 广东科技金融发展模式——“三融合”模式 …… 175
7.2.4 我国科技金融发展模式启示 …… 178
7.3 本章小结 …… 180
第8章 提升河南省科技金融效率的路径 …… 181
8.1 河南省科技金融效率提升路径设计 …… 183
8.2 政府支持科技金融效率提升路径 …… 183
8.2.1 健全科技金融法规 …… 185
8.2.2 完善行政管理体系 …… 185
8.2.3 健全信用担保制度 …… 185
8.2.4 发展信息服务平台 …… 186
8.2.5 加强政府财政扶持 …… 186
8.2.6 完善社会服务体系 …… 187
8.3 金融支持科技金融效率提升路径 …… 187
8.3.1 商业银行层面 …… 187
8.3.2 多层次资本市场层面 …… 188
8.3.3 科技保险层面 …… 189
8.3.4 创业风险投资层面 …… 189
8.4 科技型企业促进科技金融效率提升路径 …… 190
8.4.1 完善科技企业的核心组织结构 …… 190
8.4.2 维护企业产品市场 …… 190
8.4.3 优化企业人力资源 …… 191
8.4.4 加强企业资金预算及管理 …… 191
8.4.5 开展对外交流与合作 …… 192
8.5 本章小结 …… 192

第9章 河南省科技金融融合发展的对策 …… 193
9.1 政府层面 …… 195
9.1.1 做好“守夜人”，发挥好引导功能，创造良好的经营环境…… 195
9.1.2 建立财政预算、使用、监管分立的财政资金使用体制 …… 196
9.1.3 设立地区种子基金与科技孵化器 …… 197
9.1.4 组建“本土+引进”的科技金融人才团队 …… 197
9.2 金融机构层面 …… 197
9.2.1 鼓励商业银行设立科技银行 …… 197
9.2.2 丰富科技金融服务产品 …… 198
9.2.3 加大发行科技债券的力度 …… 199
9.2.4 加大科技创新园区的信贷支持力度 …… 199
9.2.5 完善科技金融创新综合服务平台的构建 …… 199
9.2.6 建立健全科技金融风险担保与分摊机制 …… 200
9.3 资本市场层面 …… 200
9.3.1 大力发展多层次资本市场体系 …… 200
9.3.2 鼓励科技创新型企业通过债券市场融资 …… 201
9.3.3 提高发展区域性股权交易市场的力度 …… 201
9.3.4 创新金融资产交易品种 …… 202
9.4 本章小结 …… 202
第10章 总结和思考 …… 203
10.1 总结 …… 205
10.2 思考 …… 207
参考文献 …… 209

第1章 引言

1.1 研究背景

金融和科技始终相互促进、共同发展，历次重大科技革命都极大地推动了金融业的发展。电信、电报的出现使金融服务突破了时空限制；计算机的应用大大提高了金融数据的存储能力，金融服务效率大为提升；以互联网、大数据、区块链为代表的新科技已在金融业得到广泛应用。与此同时，金融也通过信贷市场、资本市场扶持和壮大了科技企业。可以说，科技和金融是我国经济发展的两大引擎，尤其是经济发展进入新常态后，我国经济已经从高速增长阶段进入中高速发展阶段，我国对经济增长的要求已经逐渐由要素驱动向创新驱动转化，而科技金融发展正是资本要素向创新领域集聚的体现，在一定程度上决定着科技创新的发展趋势。科技创新是连接科技金融与经济发展的重要纽带（揭红兰，2020）。

我国对科技金融的应用在许多方面已处于世界前列，移动支付、电子清算、网上银行、数字信贷飞速发展。科技金融在取得令人瞩目成绩的同时，也带来一些新问题，如网络安全、数据隐私、寡头垄断等风险挑战。2016 年 7 月，国务院印发《“十三五”国家科技创新规划》，明确提出了“健全支持科技创新创业的金融体系”的要求，发挥科技金融对经济的促进作用，让金融成为“大众创业、万众创新”的助推器，开发出符合市场经济发展、符合创新需求的金融产品和服务，努力完善金融与科技结合的机制（姜欣欣，2012）。在经济新常态的背景下，科技、金融已成为社会主义市场经济中最有活力的因素，科技创新需要金融创新提供保障（肖泽磊等，2011），金融创新对科技、生产、生活都有着巨大的作用，同时金融的稳健发展也需要科技创新和新兴产业给予支撑。科技和金融的深度结合发展在促进科技发展和经济发展的同时，还推动了我国金融创新和金融业的发展，对推动地区经济增长具有举足轻重的作用（肖泽磊等，2011）。2020年，党的十九届五中全会提出，“坚持创新在我国现代化建设全局中的核心地位，把科技自立自强作为国家发展的战略支撑”，“大力推动科技创新，打造经济发展新动能”。2020年的新冠肺炎疫情改变了人们的生活方式，给企业的生产方式带来了新挑战。我国的各经济领域已经渐渐适应经济发展的新常态，“大众创业、万众创新”成为带动我国经济发展的新动力（张兴旺、陈希敏，2017）。我国为了清除“双创”工作上的障碍，更好地服务国家创新驱动战略，出台了一系列相关政策，使市场化的科技金融机构、高效率的服务创新创业机构得以建设和优化。为了深入实施创新驱动发展战略并促进河南省科技和金融的深度融合、加速科技成果的转移转化，河南省大力发展战略性新兴产业。河南省人民政府、财政厅、科技厅等多部门为了引导科技和金融的互动、完善科技金融服务体系、引导社会资源进入科技领域，连续出台了多项制度和措施。另外，根据《中共河南省委河南省人民政府关于深化科技体制改革推进创新驱动发展若干实施意见》（豫发〔2015〕13号）、《中共河南省委　河南省人民政府关于加快推进郑洛新国家自主创新示范区建设的若干意见》（豫发〔2016〕27号）等政策，河南省科学技术厅制定了《河南省科技金融深度融合专项行动计划》，研究设立河南省科技投资平台（潘月勇，2016）。河南省集合科技和金融资源，逐步打造了覆盖引导基金、创业投资、科技信贷、担保、保险等一系列业务，为科技企业在不同的发展阶段提供全过程、全链条的投（融）资服务的政策性科技金融服务平台。2016年7月29日，河南省财政厅、科学技术厅联合下发了《河南省财政厅河南省科学技术厅关于印发〈河南省科技金融引导资金专项管理办法（试行）〉的通知》（豫财科〔2016〕75号），提出银行、担保机构等为河南省境内科技企业提供贷款或贷款担保业务所发生的实际损失，政府会采取科技信贷损失补偿等支持方式，根据一定的比例给予补偿性引导资金。河南省财政厅、河南省科学技术厅与中原证券股份有限公司合作设立了河南省科技创新风险投资基金，通过对基金的运作来引导社会资本注入科技创新企业，不断壮大科技型小微企业；同时，还能提高财政资金的使用效益，更好地发挥市场在资源配置中的决定性作用。

河南省全面推进中原经济区、粮食生产核心区、郑州航空港经济综合试验区建设的关键是重视科技的力量，全面加大科技投入，加快转变经济发展方式，培养新的竞争优势，提高创新驱动能力，增强高科技与金融的有效结合。河南省通过出台一系列的制度文件来引导科技、金融的互动合作，为科技和金融的融合做好风险防范，扩大了科技金融服务体系的覆盖范围，引导社会资源进入科技领域。国家的强盛离不开科学技术的发展，河南省金融高质量发展要依靠创新驱动发展战略来实现。河南省通过建立科技金融服务体系、搭建服务平台、加大科技投入力度，增强了创新驱动能力。

1.2 研究意义和目的

党的十九大报告提出，要“深化科技体制改革，建立以企业为主体、市场为导向、产学研深度融合的技术创新体系，加强对中小企业创新的支持，促进科技成果转化”。科技与金融的有效结合是促进科技开发、成果转化和产业化、提升产业创新活力的有效工具，是促进河南省科技型企业发展不可忽视的巨大力量，是推动科技向现实生产力转化的最有效方法，是培育战略性新兴产业、加快经济增长方式转变和经济结构调整的有力支撑。可见，科技金融作为科技创新体系与金融体系的重要组成部分，对科技创新和科技成果转化的作用日益明显。只有以科技引领金融创新，以创新驱动区域经济发展，充分发挥科技和金融有效融合的作用，才能更好地发挥科技和金融在经济发展中的动力和支撑作用（揭红兰，2020）。随着中美贸易摩擦的进一步加剧，我国的科技金融发展也受到一定的影响。河南省地处中原，受自然生态、历史文化等因素的影响，科技金融市场也表现出明显的地域特色。目前，河南省正处于增长速度换挡期、结构调整阵痛期和前期刺激政策消化期“三期叠加”时期，大多数地市县区的科技型企业深陷互保圈、互保链，企业融资环境恶劣（郭林涛、禹志明，2019）。加上河南省科技金融支撑体系尚不健全，导致科技和金融无法真正融合到一起，而且在实体经济的发展过程中，金融资本的意识也无法真正与科技相融合，科技金融发展成效不佳。摸清河南省科技金融发展过程中存在的难点及痛点，对科技金融体系建设以及科技金融未来的发展极为重要。

1.2.1 学术意义

河南省对科技金融结合模式的研究还不够深入，不仅科技金融的内涵没有被科技金融发展中的主体完全掌握，而且科技金融在资源配置中存在的缺陷也未得到解决，这些都会导致科技金融结合模式出现问题，进而会导致科技金融发展效率低（李善民等，2015）。本书研究了河南省科技金融相关政策，详细分析了河南省科技金融的现状，并总结回顾了科技与金融结合模式，为今后的科技金融研究提供了一定的参考。另外，从有关科技金融的研究方法看，大多研究方法侧重于定性研究和简单的统计描述，得出的结论说服力不强，并且无法挖掘科技金融中存在的更深层次的问题。鉴于此，本书在定性研究的基础上，采用恰当的统计方法和计量经济模型，使研究结果更具说服力，并且希望在定量分析的过程中能够发现前人所没有觉察到的问题。

1.2.2 政策价值

河南省要抓住发展的新机遇，增强发展的新动力，构建发展的新优势，提升区域核心竞争力。要想解决河南省产业结构优化、增长方式转变、发展难题的破解以及实现可持续发展等问题，就必须加强科技与金融的创新互动，以此来引领和支撑河南省未来的发展。因此，探索科技金融发展规律及完善科技投（融）资合作体系、解决科技创新创业发展的融资难题意义重大。

1.2.3 研究目的

河南省科技金融发展存在的主要问题是金融服务体系单一，这表明河南省科技金融创新发展的现状不佳，商业银行难以拓展科技融资产品及开拓新业务，地方政府、各类金融机构和非金融机构参与较少，风险担保补偿机制及创新创业和金融资源对接的新机制和新模式不完善，不能满足生产发展、科技成果转化等的融资需求。要想创新科技金融发展的模式，不仅需要政府、相关金融机构的大力支持，而且需要企业自身大力创新。河南省科技金融发展应该更加重视保障机制的稳定和规范，要建立多层次的科技金融服务体系和风险管理保障体系，构建三位一体的路径体系，即“政府引导监督、金融主导培育和中介服务支持”，使需要资金支持的企业可以获得金融支持，金融机构为实现利润空间的扩大也参加科技创新和发展，最终实现利益最大化（潘月勇，2016）。

本书通过对河南省科技金融的几种结合模式进行深入分析，对河南省科技金融发展的状况及科技金融发展中存在的问题进行剖析，希望通过有效地配置河南省科技金融资源，探索良好的科技金融运营模式，为河南省科技金融发展规划的制定提供一些可行的政策建议，以促进河南省科技金融高效、有序、健康发展，助力河南省产业结构优化升级，为河南省经济高质量发展奠定坚实基础。

1.3 研究思路、内容与技术路线

1.3.1 研究思路

本书从科技金融促进科技型产业及地区创新能力发展的角度对河南省科技金融进行实践研究，系统回顾了国内外科技金融的相关发展经验及其在我国若干地区的成功案例，对经验和教训进行总结，并对目前河南省科技金融发展的现状进行阐述，对河南省科技金融和科技型产业的发展及地区创新能力的作用机制进行分析，揭示河南省科技金融发展融合蕴含的政策启示，有效推动河南省金融高质量发展，并为实体经济发展服务。

1.3.2 研究内容

河南省的科技投资融资服务平台、科技担保及创新创业的科技投（融）资服务体系尚未建立，科技企业与金融机构缺乏沟通、对接的渠道，使得大多数高科技企业四处寻找能够提供服务的金融机构，也使具有大量存量资金的金融机构因信息不对称不敢对缺乏资产担保的高科技产业进行投资。由此可以看出，制约河南省科技金融发展的重要因素是缺乏既懂科技又懂金融的高层次人才（王建、李思慧，2015）。在加快转变经济发展方式的新常态下，在提高自主创新能力的战略选择方面，河南省对科技金融融合模式进行了研究。为了促进科技和金融结合，河南省积极引导金融资源注入科技领域，同时为了满足金融体系健康发展的需求，河南省积极促进高科技成果产业化，实现科技资源与金融资源的有效对接。本书对以美国和英国为代表的资本市场主导型、以韩国为代表的政府主导型、以德国为代表的银行主导型（杨勇，2011）科技金融融合模式进行了深入研究，对国内典型科技金融融合模式进行了分析，在此基础上提出了河南省科技金融发展模式应该是在政府的主导下推行的区域非均衡发展模式，培育核心为科技金融供给与风险投资相结合的模式，此外还需完善科技金融市场环境。河南省可以通过风险投资与孵化平台、科技信贷服务的顶层设计、“投贷联盟”业务创新模式、融资风险的政府分担机制、创新金融机构科技类产品、发展科技信贷专营机构、提供科技担保和科技保险等方式来推动高科技产业与金融快速融合，促进高科技产业的发展（汪克亮等，2010）。

本书梳理了河南省科技金融发展历程，并对科技金融发展中存在的问题进行了系统全面的分析，并针对这些典型的问题提出政策建议，以促进河南省科技金融健康有序发展，发挥科技金融创新对河南省科技成果转化、中小企业发展的促进作用，加大支持科技型产业的力度，提升地区创新能力，助力河南省金融高质量发展。

1.3.3 研究技术路线

基于以上研究目标和研究内容，本书将按照以下技术路线（见图1-1）开展研究：

第一，在科技与金融的互动和融合、科技金融对经济和高技术产业发展的影响的研究背景下，收集相关领域的文献资料，并对已有研究进行总结归纳。

第二，围绕河南省科技金融发展的现状和存在的问题、科技金融对河南省高技术产业的影响、河南省科技金融融合的效率、国内外经验借鉴四个方面，展开相关的数据收集和整理，构建完整数据库。

第三，基于研究问题和整理的数据，一方面，构建河南省科技金融融合效率评价指标体系，估计科技金融的效率，详细分析和归纳河南省科技金融融合效率的影响因素；另一方面，构建科技金融对高技术产业发展影响的计量模型，定量估计政府拨款额度、金融机构贷款、风险投资管理资本

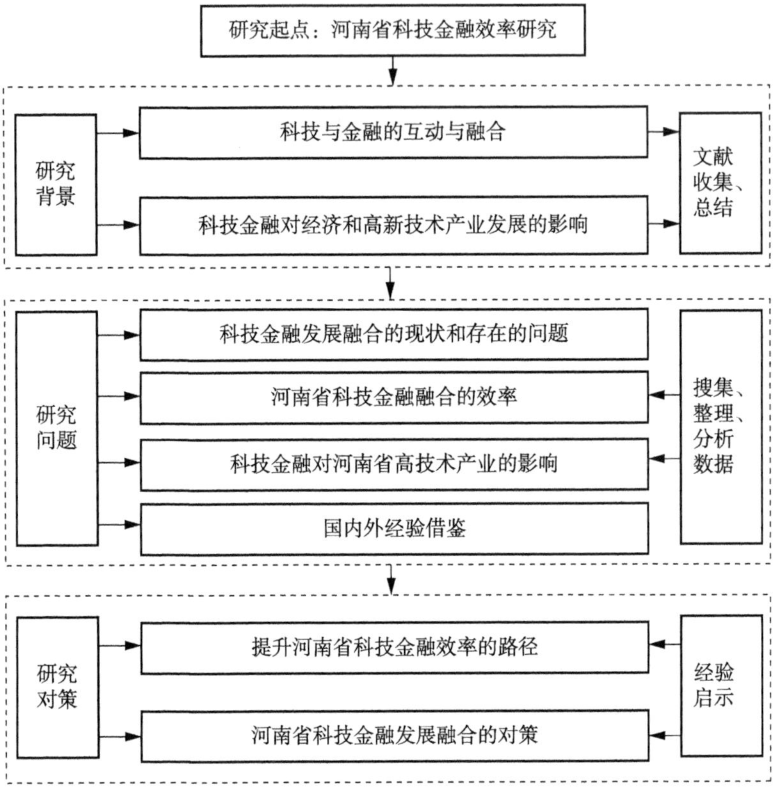

图 1-1　研究技术路线

总额、高技术企业数量对河南省高技术产业的具体影响，总结和提炼决定河南省高技术产业发展的决定性因素，筛选有效的促进性策略。

第四，基于国内外科技金融发展模式的经验，探明提升河南省科技金融效率的路径并提出促进河南省科技金融发展的对策。

1.4　研究方法

（1）文献梳理方法

本书围绕科技金融的概念、科技金融体系、各地科技金融的政策和发展模式、科技金融效率测度等方面对相关文献进行了较为全面的梳理和归纳，得出了很多有价值的结论，为进一步深入探讨河南省科技金融融合提供了理论依据。

（2）理论分析与实证分析相结合的方法

本书对河南省典型的高科技产业的金融发展进行了分析，对河南省科技金融融合效率进行了评价，进一步实证分析了影响河南省高科技产业发展的显著因素，为河南省科技金融深度融合提供了方向。

本书为验证河南省科技金融投入的增加能否带来产出增加这一问题，构建了河南省科技金融融合效率评价指标体系，运用 DEA 方法对河南省科技金融效率进行评价，有助于识别河南省支持科技创新的金融投入是否还存在一定的优化空间、科技产出水平是否达到最佳状态，以及探寻促进科技金融与科技产出协调发展的途径；本书运用 DEA-Tobit 模型对影响科技金融效率的因素进行量化，具体测量河南省科技金融效率的影响因素及各因素的影响程度。本书以柯布-道格拉斯生产函数作为基础来构建科技金融对高技术产业发展影响的计量模型，以揭示不同因素对河南省高技术产业发展的具体影响。

1.5 创新与不足

1.5.1 创新之处

（1）拓展了科技金融相关理论应用内容

本书根据科技金融对科技创新发展的促进机制对科技金融理论进行梳理，考虑了科技金融涉及的各个机构及其各发展阶段所包含的关键要素，明晰了河南省科技金融发展过程中存在的问题，为后面开展科技金融方面的相关研究提供了更为专业的指导。

（2）以省域为研究对象，促进了科技和金融深度融合发展

本书选取科技金融热点问题，以河南省科技金融发展现状为主要研究对象，致力于找到目前河南省科技金融发展中存在的问题，并进行深层次解析，以促进河南省科技和金融深度融合发展。

（3）丰富了科技金融研究内容，研究结论更具针对性

本书从参与主体、创新要素、资金来源三个方面对河南省科技金融发展的现状进行调研和分析，科学合理地构建科技金融指标体系，指标体系实用性强。

1.5.2 不足之处

由于笔者知识的局限性，以及实践经验的不足，本书的研究还存在一定的局限：

（1）科技金融融合机制有待深化

本书没有深入探讨科技金融融合的具体操作细节，虽然本书提出了构建科技金融融合发展机制的基本思路，但要真正实施还需要进一步的深入研究。

（2）研究样本和研究方法有待拓展

单个地区典型案例的研究受诸多客观因素的影响，例如，自然地理位置、城市发展总体水平、地方政府的行政能力等。本书以河南省为例，尽管做了细致的分析研究，提供了一定的借鉴，但也存在一定的局限性，对我国其他地区的科技金融融合不具有普遍的参考价值。因此，未来可以进一步对不同地区典型案例进行跟踪调研，通过对不同地区案例的对比和分析，探明不同地区科技金融融合效率差异的原因，进一步研究科技金融深度融合机制，为国家科技金融体系的完善提供更全面、有效的政策启示。

第 2 章

文献综述

回顾我国经济发展和科技改革历程，我国科技金融的发展可以划分为以下几个阶段：①1978—1985年，初步开始了经济科技和金融体系的改革，但仍然是计划经济，R&D投入依赖于国家资助；②1986—2005年，政府提出银行应积极开展科技信贷业务，人们开始探索通过多种渠道筹集科研资金，如金融贴息贷款、企业债券、风险投资、发展金融、技术援助贷款等，以促进企业资金的融通；③2006—2009年，《中长期科学和技术发展规划纲要（2006—2020年）》实施，政府高度重视和支持金融发展、科技与金融融合，在税收、金融政策等方面提供了支持；④2010年至今，技术创新和金融创新进一步融合，理论成果不断涌现（Li，2015）。科技金融是中国经济社会发展到一定阶段的产物，也是中国建设创新型国家面临的重大战略选择，因此，科技金融理论具有鲜明的中国特色。国内外学者对科技金融问题从不同角度进行了研究和探讨。本章遵循科技金融是什么→科技与金融的关系如何、科技企业与科技金融的关系怎样→科技金融怎么发展融合、它的机制是什么、形成了怎样的体系→科技金融发展融合的风险如何→科技金融发展融合效果怎样→未来科技金融发展融合的出路在哪的逻辑思路来梳理科技金融发展融合的研究脉络，找出本书研究的问题，探究河南省科技金融发展融合的路径和方向，提升河南省科技金融融合的效率，揭示蕴含的政策启示，助力河南省金融高质量发展，服务实体经济发展。

2.1 国内外研究情况

2.1.1 科技金融的定义

截至2021年1月21日，通过谷歌搜索科技金融（Technology Financial），我们发现自2004年以来科技金融的研究数量不断上升（见图2-1），说明科技在经济发展中的重要作用日趋明显。科技金融是用于支持或使银行和金融服务成为可能的计算机程序和其他技术。Arneretal（2015）指出"科技金融"一词起源于20世纪90年代初，指的是金融服务技术联盟（Financial Services Technology Consortium），它是花旗集团（Citigroup）发起的一个促进技术合作的项目（Marc Hochstein，2015），是一个由公司组成的经济产业，这些公司利用技术来提高金融服务的效率（Wikipedia，2016）。有学者将国外数据库中科技金融一词在文章标题、摘要和全文搜索中的使用次数和该术语的定义数量进行了统计（见表2-1）。在所有文献数据库中，在对重复条目进行调整之前，35篇学术文章的标题中显示了科技金融一词；47篇学术文章在标题和（或）摘要中使用了该术语；共有223篇学术文章在全文中一次或多次使用或引用了这一术语，包括脚注和后记。223篇文章的数量与提供的定义数量形成鲜明对比。在对重复条目进行调整之后，仍有28篇文章在标题中显示了"科技金融"一词。37篇文章在标题和（或）摘要中使用了这一术语，共有203篇文章在全文中一次或多次使用了这一术语。然而，只有13篇文章真正定义了这个概念（Schueffel，2016）。

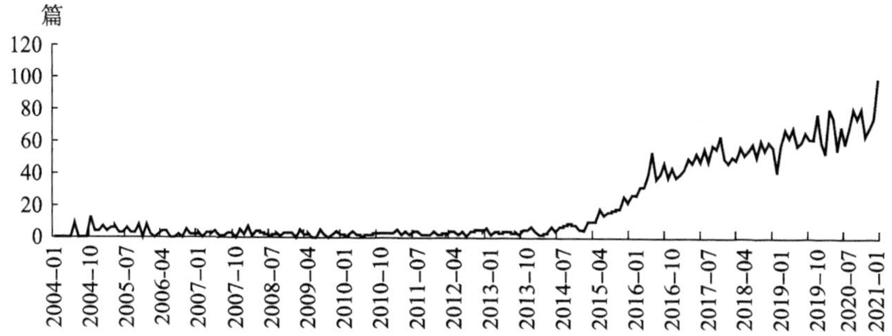

图 2-1 2004—2021 年科技金融研究热度全球趋势图

资料来源：https：//trends. google. com/trends/explore？ date=all&q=fintech.

表 2-1 国外数据库中科技金融术语使用数量统计

单位：篇

来源	标题	标题和（或）摘要	正文	提供的定义数量
EBSCO	10	12	60	—
BusinessSourcePremier	16	25	28	—
DOAJ	2	3	4	1
EmeraldInsight	—	—	—	—
JSTOR	2	2	11	—
SAGE	—	—	—	—
ScienceDirect	2	2	53	1
SpringerLink	—	—	26	2
TaylorFrancis	1	1	38	3
WileyOnlineLibrary	2	2	3	1
文献数据库合计	35	47	223	8
其他，同行评议				3
学术资源小计	42	54	354	11
其他，非同行评议				3
所有来源合计	35	47	223	14
校正重复结果后合计	28	37	203	13

资料来源：Patrick Schueffel. Taming the Beast：A Scientific Definition of Fintech [J]. Journal of Innovation Management，2016 (4)：32-54.

对于科技金融的定义，国内外学者并未达成共识（见表 2-2），国外学者对科技金融的研究最早出现在西方经济学家 Schumpeter（1982）的信用创造理论中，在《经济发展理论》一书中，Schumpeter 论证了货币、信用和利率等金融变量对经济创新和重大经济发展的影响。他强调，一个功能齐全的银行可以通过识别和支持成功使用新产品和生产流程的企业家来促进技术创新。可见，银行系统（包括商业银行和中央银行）对一个国家经济发展的影响（Gurley，1960）。同时，从金融市场风险的角度来看，经济实体使用风险更大但生产率更高的技术，可以促进技术进步（Saint-Paul，1992）。有学者将科技金融定义为一种技术（Bettinger，1972）；有学者认为科技金融是一种行为（Xie et al.，2013；Xie et al.，2016；Shim et al.，2016；Kim et al.，2016；Jun et al.，2016），是一项服务（Shim et al.，2016；Kim et al.，2016；Jun et al.，2016）或金融活动（Xie et al.，2013；Xie et al.，2016）；有学者称其为一个行业（Barberis，2014；Micu et al.，2016）；有学者将其描述为新的未被开发的风险领域（Lončarski，2016；Maier，2016）。

表 2-2　国外学者关于科技金融的定义汇总

<table>
<tr><th>研究作者/年份</th><th>科技金融定义</th><th>定义要点共性</th></tr>
<tr><td>Bettinger（1972）</td><td>科技金融是将银行专业知识与现代管理科学技术和计算机相结合的金融技术</td><td>科技金融是一种技术</td></tr>
<tr><td>Barberis（2014）</td><td rowspan="2">技金融是金融行业的一个新领域，它整合了金融领域用于促进交易、企业业务或互动的大量技术，以及为零售消费者提供的服务</td><td rowspan="2">科技金融是金融行业</td></tr>
<tr><td>Micu I.、Micu A.（2016）</td></tr>
<tr><td>Xie、Zou（2013）</td><td>除了通过商业银行间接融资和通过证券市场直接融资外，还将出现第三种金融活动方式，我们称之为互联网金融</td><td rowspan="2">科技金融是金融活动</td></tr>
<tr><td>Xie、Zou、Liu（2016）</td><td>互联网金融涵盖了各种形式的金融交易及金融中介机构和市场，如商业银行、证券公司、保险公司、股票交易所、瓦尔拉斯均衡下的场景（既非金融中介机构，也非市场存在），由于互联网技术的影响，互联网金融和科技金融本质上是相同的概念、不同的词语</td></tr>
</table>

续表

<table>
<tr><th>研究作者/年份</th><th>科技金融定义</th><th>定义要点共性</th></tr>
<tr><td>Shim、Shin（2016）</td><td>科技金融是一个新兴的金融服务领域，包括第三方支付、MMF、保险产品、风险管理、认证和 P2P 借贷</td><td rowspan="3">科技金融是金融服务</td></tr>
<tr><td>Kim、Park、Choi（2016）</td><td>科技金融是一种利用以移动为中心的 IT 技术来提高金融系统效率的服务。作为一个术语，它是“技术”（Technology）和“金融”（Finance）的复合词，统称为金融服务和信息技术融合而形成的产业变革</td></tr>
<tr><td>Jun、Yeo（2016）</td><td>信息和通信技术（ICT）的最新进展导致了新型创新金融服务（通常被称为科技金融）的快速发展和扩张</td></tr>
<tr><td>Maier（2016）</td><td>在技术进步的推动下，金融行业发展出了新的服务模式，为客户提供了更多的机会。在“科技金融”的共同特征下，这些新业务旨在挑战现有的金融机构，利用技术以另一种方式为客户提供价值</td><td rowspan="2">金融科技是新的未被开发的风险领域</td></tr>
<tr><td>Lončarski（2016）</td><td>金融领域技术（现在通常被称为科技金融）的特殊演变和使用正在颠覆金融市场的传统商业模式，并带来新的未被开发的风险领域</td></tr>
</table>

我国关于科技金融的研究晚于国外，科技金融作为一个完整的词汇在我国出现是在 1992 年，彼时“科技金融”只是技术和金融的缩写。同年，中国科技金融协会在广州成立，标志着科技金融正式登场。在《科技金融携手合作扶持高技术企业》（丁革化，1992）一文中，作者首次引用了“科技金融”这一词汇（余红伟等，2020），其深层次的含义即为科技与金融的结合，文章认为科技和金融要携手合作扶持高技术产业发展。1993 年，国务院颁布的《中华人民共和国科学技术进步法》使科技金融成为学术界讨论的热点话题（Li，2015）。真正的科技金融概念是在 1994 年广西南宁中国科学技术协会第一届理事会上提出的，之后科技金融领域的学术研究逐渐扩大。尚福林（1997）强调了科技发展、转型和工业化进程对金融工具、金融政策和金融服务的单向需求。科技金融的定义在我国尚未统一，有学者认为科技金融是促进科技开发、成果转化和高技术产业发展的

一系列金融工具、金融制度、金融政策、金融服务的系统性、创新性的安排，是政府、市场、企业、社会中介等主体及机构对科学技术研发、科技创新等活动提供资金融入的行为活动，这些主体和行为活动共同组成了一个有机的体系。科技金融是我国金融体系和科技创新体系的重要组成部分（赵昌文等，2009）。有学者认为科技金融是科技创新和金融创新的融合，属于科技的范畴（房汉廷，2010）。对此有学者提出了相反的观点，认为科技金融的目的是推动产业化向高技术进一步发展，金融资本要在这个过程中参与科技创新活动（洪银兴，2011）；有学者在其观点基础上，指出科技活动是一种创新活动，它是科技运用金融资本，衍生出财富工具的方式，同时，科技金融也属于社会活动，对全社会的投入与支持有一定的需求，是一种国际活动（肖龙沧，2011）。还有学者认为科技金融是政府、各个机构（包括金融机构、中介公司等）组成的共同体，作为金融资源的供给方和支持者的政府和这些机构是金融及科技体系的重要组成部分（陆岷峰等，2011），其实质是科技创新和金融创新相融合（张来武，2003），确切说是高度融合（胡苏迪等，2012）。新动力的诞生需要依靠科技与金融的结合，没有科技的准备，金融没有题材，没有金融的模式，科技不能成为第一生产力（张来武，2011）。2011 年国家科技部发布的《国家“十二五”科学和技术发展规划》（以下简称《规划》）中明确提出了科技金融的定义，即科技金融是指通过改变我国财政对科技的投入方式，引导并促进证券业、银行业、保险业及创业投资金融机构等各类资本，对金融产品进行创新，对服务模式进行改进，并搭建良好的服务平台，最终实现金融资本与科技创新双链条的有机结合；另外，规划制定并完善了一系列的政策和制度，为创业初期到成熟期各个发展阶段的科技型企业提供融资等金融支持。科技金融不仅包括资金投入，还包括创新环境。资金投入主要包括政府的财政科技投入、银行的科技贷款、科技资本市场的科技股权融资、民间金融的创业风险投资；创新环境包括科技成果的保护、科技成果的转移和科技成果的转化（王龑等，2017）（见图 2-2）。

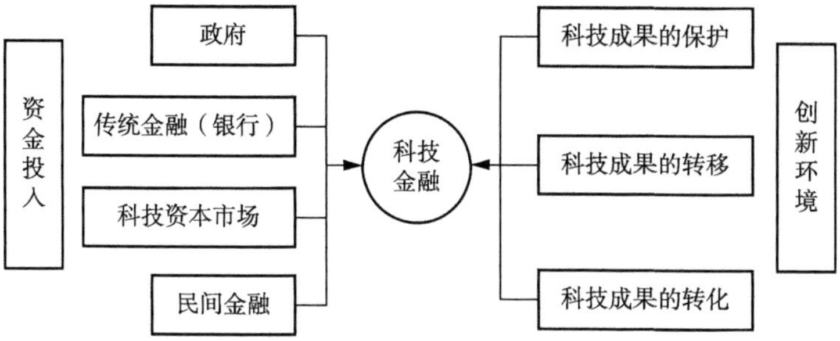

图 2-2　科技金融的构成

以上概念都是与国家的经济和技术发展紧密联系在一起的。但是，科技金融概念的确切定义，需要在接下来的实践和理论演绎中逐步完善，它随着政策和格局的动态调整而不断演化。

2.1.2　科技与金融的关系

（1）科技与金融的协同

企业的发展包括种子期、创业期、初步发展期、高速发展期和成熟期五个阶段（Jonathan et al.，2017）。逆向社会选择和道德风险的增加会提高企业经营成本进而降低企业的竞争力（Jensen et al.，1976）。生产率的提高对银行影响很大（Levine R. et al.，2000）。Perez（2011）认为技术进步的燃料是金融资本，经济发展的引擎则是生产技术。经济的发展与金融资本和技术的进步紧密联系在一起。

郝丽红（1999）提出要使科技金融达到一定的规模，应该进行一些共享性科技开发行为。张颖（2007）结合了美国等西方国家历史经验，分析了技术创新和电子化趋势是如何对金融行业起到促进作用的，发达国家的科技创新能力想要长时间地蓬勃发展离不开金融体系的支持。陈华等（2014）探讨了科技创新对金融服务体系的促进作用及二者的发展情况，要促进科技与金融协同发展就要发挥二者的互动作用，促进二者的融合。其还运用主成分分析法，对科技金融对山东中小微企业的创新支持力度进行分析，并且在总结国内外经验的基础上，从政府、机构多维度提出科技金融支持地方中小微企业创新的对策建议。郑萌（2013）从另一个视角即将物理学中的“耦合”概念引入科技金融理论来对科技的进步和金融二者之间的协调关系进行了探索。

（2）科技与金融的互动

Jeong 和 Townsend（2002）依据生产函数，分析了金融的深化改革对科技创新的重要贡献，并提出了金融深化效应、人力资本变动效应、部门索洛余值及资本异质效应等理论。Stulz（2000）认为如果银行可以监控和及时掌握企业或者项目的进展情况，则可以提高科创企业的融资效率。Hall（2002）认为，由于科技创新可以降低创业投资过程中的投资成本，并避免信息不对称、道德风险等不利因素，因此科技创新中创业投资的贡献远远高于其他金融工具。Martinsson（2015）通过对欧洲科技型企业实地考察，估算了英国和欧洲大陆高科技公司的动态 R&D 回归模型，发现新上市公司的联合现金流效应，认为资本市场对于科技型创业企业的支持更强于银行。

林毅夫和李永军（2001）分析了中小银行对科技型企业的发展与科技创新的积极影响，提出要发展中小型金融机构来解决科技型创业企业融资难题。杨刚（2005）对科技金融一体化过程中中介机构参与的阶段和机制、多层次资本市场的构成和作用、细化和完善监管等几个方面以及科技金融支持体系的意义等进行了相关研究，认为科技企业的发展离不开全方位的金融支持，完整的、多层次的资本市场是必不可少的。姚战琪和夏杰长（2007）从金融创新与科技进步的内在关系、互动机制出发，从金融促进科技进步和科技进步促进金融创新与发展两个视角研究了在新的金融形势下如何推进科技一体化，以及在技术进步推动经济增长的过程中如何更好地发挥金融体系的机制和功能。黄国平和孔欣欣（2009）讨论了金融机制和政策实践对技术创新的促进作用，分析了我国金融发展和技术创新的现状，指出二者之间存在一定程度的不相容关系。李颖（2009）基于科技和金融发展的关系，把科技金融结合分为闭合循环回路、开放循环回路、科技金融一体化的初级、中级、高级三个层次，并认为科技发展和金融创新在未来的联系将越来越紧密。李健、马亚（2014）结合三次工业革命，论证了科技与金融结合有益于经济发展的论点。刘志彪（2011）提出，要建设和完善科技银行功能，实现战略性新兴产业的发展。

（3）科技与金融的融合

Perez（2011）指出对技术变革有着重要支持作用的金融资本与技术创新也具有密切的联系。与此同时，金融资本和技术创新因为风险资本所具有的逐利性才能高度结合。

房汉廷（2010）对科技金融发展的三个方面，即理论、实践和政策进行了系统研究，指出科技金融是科技在进行创新的同时激发的金融创新，是科技和金融活动的有机结合。邓天佐（2010）认为要让科技与金融良好融合就要不断进行革新，在改革过程中通过建立多元的政策环境和多层次的科技投（融）资体系来进一步拓宽技术创新企业融资渠道，为技术创新提供充足的资金支持，为技术产业发展提供多项服务支持。金荣学等（2013）认为各种融资难问题是科技型中小企业在技术创新过程中都会遇到的，而只有不断升级金融服务体系才能满足它们的资金需求，并且需要提高金融服务质量来服务科技型中小企业。

2.1.3 科技企业与科技金融的关系

谢伯阳等（2016）认为，不同生命周期的创业企业，融资难点不一样，创业企业生命周期分为创意期、初创期、成长期、扩张期、成熟期和衰退期，企业要根据生长周期来加强金融改革，增强资金供给能力。赵昌文（2012）基于大量的案例研究详细分析了我国科技金融创新产品和创新模式的发展现状，并用24个科技金融案例阐述了资本市场、科技贷款、科技保险、风险投资是我国科技金融进行创新的四个主要领域的论点。张志柏和俞自由（2001）结合我国创业投资的典型案例并借鉴国外创投实务成果，提出了促进我国创业投资操作实务进一步发展的对策建议。

2.1.4 科技金融效率的度量

（1）宏观科技金融计量

Mani（2004）认为要使税收激励和研究补助金等金融工具取得成功，就必须将重点放在非财政措施上，其中最重要的是人力资源开发。Wurgler（2000）的研究表明金融市场似乎改善了资本配置，其发现在65个样本国家中，金融业发达的国家比那些金融业不发达的国家增加了对增长中的产业的投资，减少了对衰落产业的投资。资本分配的效率与经济中国家所有权的程度呈负相关，与国内股票收益中公司特定信息的量呈正相关，与少数投资者的法律保护呈正相关。特别是强大的少数股权投资者权利似乎可以抑制对衰退行业的过度投资。资本配置效率可以用资本关于国内生产总值变化的弹性来表示，这一关键指标可以用来量化分析金融发展程度及作用。

王海和叶元煦（2003）对1991—1999年科技金融一体化效益的实证分析表明，科技金融一体化的整体效益在上升，但上升幅度不大，科技金融一体化的运行机制还有待完善。孙伍琴和朱顺林（2008）利用2001—2004年我国23个省、自治区的面板数据和2.1版Veap模型，基于Malmquist生产效率指数法，对我国区域金融体系促进技术创新的效率和差异进行了估计。研究发现，中国的金融发展促进了技术创新，提高了整体产出效率，省市金融体系专利产出数量存在结构性差异。赵昌文等（2009）构建了一个衡量科技金融效率的指标体系，主要由科技金融总指标、分指标和专门分指标组成，其中总指标是对科技金融领域的发展状况、发展潜力和发展趋势进行评价的总体指标。余永泽（2011）发现，创新主体分为区域内的企业、高校和研究机构，其利用R&D区域投入产出面板数据，选取2002—2008年和我国29个省的省级面板数据，利用随机分析计算出沿线创新效率，并重点运用空间计量经济模型分析了创新集中、政府支持、制度因素和人力资本对创新主体创新效率的影响，实证结果表明，中国科技创新效率具有显著的空间相关性。曹颢等（2011）构建了金融发展指数，包括科技金融资源指数、科技金融经费指数、科技金融产出指数和科技金融贷款产出指数4个指标，并根据“科技资源—资金—产出效率”的思路详细定义了指数的内涵和权重，利用SPSS16.0分析了我国各地区历年（2001—2008年）的科技金融发展指数。研究发现，科技金融资源投入不断增加，科技金融资金指标呈上升趋势，但科技金融产出指标有所下降，尤其是科技金融贷款情况没有得到根本改变。徐玉莲和王宏起（2012）分析了1994—2008年的数据，以发明专利数、政府科技活动经费、金融机构科技贷款额、科技上市公司数、科技上市公司总市值和风险投资总额、风险投资机构数为指标，用自举模拟法构造了统计推断的门槛，得出科技金融体系框架下的技术投资、科技资本市场和风险投资对技术创新具有促进作用的结论。银行信贷对中国技术创新的影响不显著。科技资本市场的发展与风险投资之间存在一定的相关性，科技资本市场的发展可以促进风险资本的扩张。吕江林等（2012）研究了我国中东部地区2009年的科技金融效率，分析了我国中东部地区的技术效率差异。秦佩等（2013）发挥财政资金的杠杆效应，提出建立效益评价考核平台及运行机制，平台包括两项指标，即金融资源投入指标和科技产品产出指标，用来衡量科技金融的总体效率。陈军梅（2014）通过构建科技金融效率评价指标体系，综合DEA方法和Malmquist指数两种实证方法来评价宁夏回族自治区的科技金融效率，研究表明，宁夏的科技金融效率整体处于较低水平，金融资源并没有得到合理配置。张明喜（2015）认为研究科技金融效率评价必须在实践中进行，只有实践才能更好地指导未来科技金融发展。

（2）微观科技金融计量

Atanassov等（2007）假设创新的上市公司更多地依赖独立交易融资（股权和公共债务），而不是依靠基于关系的银行融资。其通过分析1974—

2000 年的一大批美国公司，发现研究结果与研究预测一致，那些更依赖公平交易的公司拥有更多的专利，并且这些专利在影响后续专利发明方面具有更大的作用。其证实了企业接收大量的独立融资后，创新活动显著增加。创新可以给公司带来更高的价值，公司在做出融资决策时应合理考虑创新活动的潜在影响。Atanassov 使用 IV 方法来研究内生性问题，并证明上述结论主要是由创新公司选择融资安排驱动的。刘降斌和李艳梅（2008）收集了长三角、珠三角、东北老工业基地和内陆科技圈 4 个科技园区的面板数据，进行单位根检验和面板数据协整，对中小企业创新金融支持系统的长期和短期关系进行实证研究。结果表明，4 个地区的金融体系都对中小企业创新具有长期支持效应；而短期支持效应的地区差异较大，其中长三角和珠三角的金融体系短期支持效应显著，但存在一定的时滞，东北老工业基地和内陆科技圈的金融体系短期支持效应不显著。李颖等（2009）解释了金融发展对发展中国家科技创新的影响，并以广东省为例，对 100 家企业科技创新融资数据进行技术创新效率面板回归排序研究，对金融部门发展对科技创新效率的不同影响及金融发展对不同企业科技创新微观业务和金融模式的影响的数据进行了理论研究。

2.1.5 科技金融风险研究

科技企业的种子期、初创期、成长期、扩张期、成熟期五个阶段的特征不同，面临的风险不同，资金需求和数量需求也不同。科技金融必须认真考虑科技企业发展的每个阶段，在不同的发展阶段采取不同的融资方式，根据风险类型确定不同的风险分担主体。种子阶段的天使投资和孵化器的运行模式，初创期的天使投资和小额信贷融资模式，成长阶段的短期贷款和风险投资融资模式，扩张期的风险资本和技术贷款模式，成熟期的长期债务和资本市场融资模式等，都与科技企业不同发展阶段的融资特点相匹配。处在生命周期不同阶段的科技企业的融资方式是不同的，与此相对应的财务风险也是不同的。如何分担财务风险是科技企业整个生命周期内科技研究的重点，企业可以通过优化资源配置和利用自身优势来弱化和分散科技财务风险。崔毅等（2010）利用数据包络分析（DEA）方法分析了 DEA 评价结果，对全国各省、直辖市、自治区财政科技投入和科技产出效益进行了评价，发现影响广东省财政科技投入与科技产出效益的主要因素是产出阶段结构和财政科技投入不协调，以及财政科技投入对资源管理效率的影响。周昌发（2011）和 Pillaiyan（2015）认为，金融科技发展存在着缺乏系统性、低层次性、保障机制不健全、缺乏信息共享机制、缺乏金融创新机制等问题。

2.1.6　科技金融的发展环境与路径

Black 和 Gilson（1998）通过对美、德、日的金融体系进行研究发现，美国拥有许多相对于大公司而言规模较小的银行，它们在公司治理中的作用有限，美国拥有发达的股票市场和合理配置公司控制权；相比之下，日本和德国的银行数量较少，但规模较大，发挥了中央治理的作用。订立隐含控制权的合同有助于了解企业家与风险投资提供者之间的合同安排，进而了解股票市场与风险投资市场之间的联系。德、日金融体系为典型的银行金融体系，美国金融体系为发达的资本市场体系。美国创业企业大多借助首次公开发行获得企业控制权，这对创业者来说是一种良好的激励手段；而以银行为主的德、日资本市场发展不足，激励手段不足。

肖泽磊等（2009）通过案例，提出科技金融的发展路径，并阐述了科技金融的创新体系，认为科技金融创新体系是科技金融发展成功的关键。张明喜（2013）深入研究国家自主创新示范区的科技金融环境后，发现由于国家政策引导创投效果不明显，且我国资本市场建设相对落后，科技型企业融资较难。洪银兴（2011）认为科技金融的发展不仅需要政策性制度的支持，还需要激励和引导，应该让金融机构加入科技金融体系中，成为科技金融的主体。

2.1.7 科技金融机制和体系

张育明（2001）认为一个国家科技金融的发展模式与国家的经济体制和投融资体制有关，他从利益机制、竞争机制、市场机制的角度，对技术金融一体化的机制和模式进行了研究。杨刚和陈辉（2002）论述了信息时代高科技企业融资的渠道特征、利益机制和竞争机制，以及信息时代科技与金融融合的支撑体系，其认为信息时代科技与金融的支撑体系应是结合中介组织、资本市场和产权交易市场的完善的金融监管体系。

周昌发（2011）分析了科技发展的保障机制，发现金融体系仍存在有系统性差异、层次较低、法律不完善等缺陷，科技金融要想快速稳定发展，需要突破不利于创新的政策和制度的障碍，建立有效的保障机制。肖泽磊等（2011）研究了科技金融创新体系的构成要素，包括政府、金融服务机构、中介服务机构和高技术企业四大类。金融服务机构在创新科技金融产品时，应充分考虑不同成长阶段科技企业对风险资本的需求和风险承担程度，同时需要构建相应的配套机制和风险防范机制，以支持科技金融创新体系的有效运行。

2.2 文献述评

综上所述，理论界对科技金融相关问题进行了较为深入的探讨，但现有的研究还远远不够全面，许多问题还没有达成共识，相关研究工作还有待进一步深化。首先，学术界对科技金融没有明确的定位。虽然政府和学者已经确立了科技研究领域的金融独立性，但这种定位本质上是对宏观制度创新领域的定位，如中央银行规范的创新性金融工具，事实上科技金融不仅包括宏观科技金融，还包含小额信贷。所以，对科技金融的定位还停留在创新层面，只包括技术创新和金融互动，因此很难形成独特的理论逻辑结构和体系。其次，需要建立科学合理的科技体系和金融发展评价指标体系。目前，科技金融评价指标体系中含有大量与科技成果转化相关的宏观变量，而与企业相关的微观变量相对较少，因此，后续研究需结合宏观和微观变量，构建科学合理的评价指标体系。最后，学术界实证研究了不同地区科技金融与区域经济发展的关系，但开展区域层面的实际工作比研究科技金融发展程度更有现实意义。

笔者通过对国内外文献进行梳理发现，国内外学者从新的视角及运用新的方法不断对科技金融的相关问题进行研究，使研究的内容更新、领域更广，研究的深度不断加大。国外对科技金融的研究要早于国内，也更加注重实证研究，国外研究能够较好地将资本、市场、科技创新结合在一起，同时也能更为有效地将企业监管、财税制度、创新激励等融合在一起。

国内专家学者提出了科技金融的概念，并在了解不同地域经济发展情况的基础上进行有针对性的探索，期望在效率分析以及平台的搭建等方面取得一定成就。河南省的科技金融还处于发展阶段，针对河南省科技金融发展融合效率的实证研究较少，针对河南省科技金融的系统化研究及相关政策尚未完善。河南省科技金融发展融合的理论依据是什么？其发展现状如何？存在哪些问题？如何解决？河南省科技金融融合的效率如何？科技金融影响河南省高技术产业发展的因素有哪些？哪一种因素最为重要？科技金融促进河南省高技术产业发展的作用机制是怎样的？科技金融融合发展中存在哪些风险？如何化解？国内外科技金融发展模式有哪些可供借鉴的地方？河南省科技金融发展融合效率如何提升？这些问题都亟须厘清和回答，同时这些问题也是本书将要具体展开的研究内容。

第 3 章

科技金融支持科技型产业发展的理论分析

随着经济全球化的不断深入，国家及市场的竞争开始转移到科技能力的竞争上，因此，为科技创新服务的科技金融创新的地位日益凸显。河南省科技金融起步较晚，但科技企业融资、科技成果转化对科技金融的需求却越来越大。本章对科技金融融合模式及其支持科技型企业发展和促进区域创新能力方面的相关理论进行了总结归纳，希望通过对这些理论的梳理得出本研究的理论依据。

3.1 科技金融的概念

本书将科技金融分为广义的科技金融和狭义的科技金融。

（1）广义的科技金融概念

科技金融是科技产业与金融产业的互动和融合。国家经济的发展需要科技的推动，科技发展需要向金融寻求资金的帮助和支持；金融的发展也需要与科技密切配合。高科技企业是高风险企业，融资需求比较大，因此，科技产业与金融产业的融合更多的是科技企业寻求融资的过程。国内外专家、学者进行了反复论证和实践，证明科技和金融之间具有相互促进的作用，科技可以促进金融的发展，金融也可以促进科技的进步。金融在促进科技创新活动产生的同时也为财富的创造提供了工具。

（2）狭义的科技金融概念

科技金融是指金融对科技具有的支持作用，即科技金融是一个体系，这个体系由向科学与技术创新活动提供金融资源的政府、企业、市场、社会中介机构等各种主体及其在科技创新融资过程中的行业活动共同组成，是可以促进科技开发、成果转化和高技术产业发展的一系列金融工具、金融制度、金融政策与金融服务的系统性、创新性安排。在科技金融这个体系当中，科技金融市场的引导者和调控者是政府，科技型企业、科研院所、高等院校等是科技金融的使用者，银行等金融投资机构是科技金融资源的供给者。

3.1.1 科技金融产生的因素

为满足区域内科技企业的融资需求，科技金融应运而生。随着经济的发展，科技金融机构逐步建立，信贷机构、保险机构与资本市场结合起来为科技金融服务。这些机构利用交通、通信及基础设施集聚了一批科技人才和金融人才。影响科技创新的因素有内部和外部两种。

第一，内部因素。当一个区域或城市的经济快速发展时，该区域或城市的经济总量快速增大，投资快速扩大，科技型产业对资金产生庞大的需求。由于科技金融机构的客户具有追随的特点（黄宪等，2005），科技金融市场的规模也随之扩大。另外，科技金融机构自身的异质性促进了科技金融中心的形成。作为历史发展的有机体与长期内部知识与能力积累的结果，现实的企业是异质的（刘刚，2002），同样，科技金融企业也具有异质性，不同的科技金融机构有其不同的异质性、不同的核心竞争力，从而为处于不同时期的企业提供不同的帮助。

科技金融产生的内在动力主要是区域经济发展，其是在科技产业发展水平与科技金融机构相互适应、相互促进过程中形成的（李成等，2005）（见图 3-1）。

第二，外部因素。在外部因素中，政府具有较大的作用，充分引领了

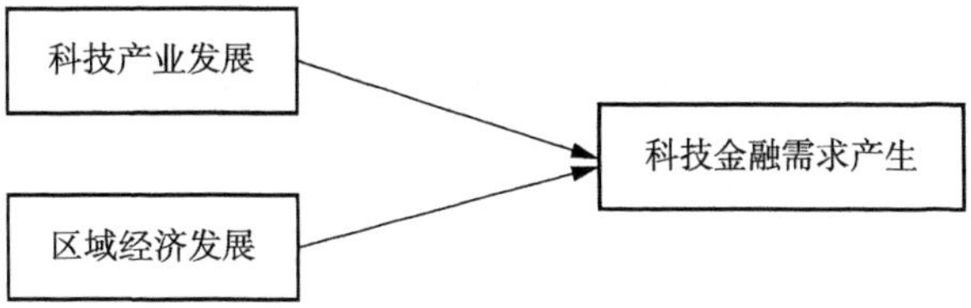

图 3-1　科技金融产生的内部因素

科技创新的方向（宋慧，2016）。当区域的科技产业发展受到阻碍时，政府能利用其先天的优势和其在国家创新体系中的核心地位，通过政策、制度、指导有效促进科技的创新，从而推动科技金融的产生和发展（见图 3-2）。

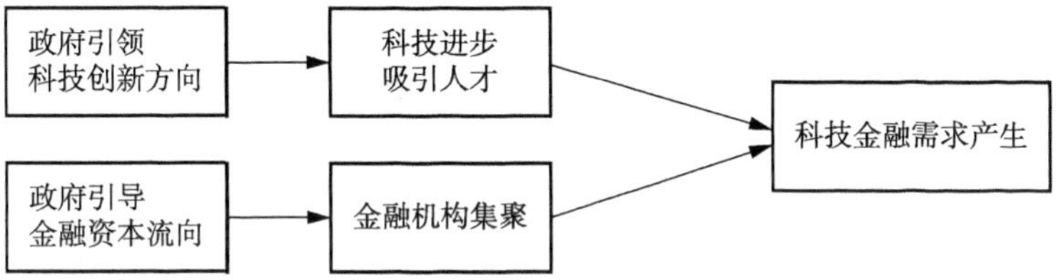

图 3-2　科技金融产生的外部因素

在政府引领科技金融发展的案例中，苏州市的“苏州模式”较为独特。苏州市政府以以色列的科技金融体系为蓝本，打造以银行为中心的产业环境和政策体系，加强与创投机构、证券机构、保险机构合作，结合中介服务机构如律师事务所、会计师事务所、人力资源机构等，为科技企业的发展提供一揽子综合化、专业化金融服务，形成了“银行+政府+担保+保险+创投+科技服务中介”结合的苏州市特有的科技金融体系。

随着新信息技术的不断发展和应用，金融业也正在快速地迈入科技金融时代。大数据、人工智能、云计算、区块链、移动互联等让人们体会到了科技金融的便利。科技金融不仅驱动了传统金融的转型升级，同时也产生了多种新金融形态。移动支付、P2P 网贷、电子货币、大数据征信、股权众筹、机器人投顾、智慧合同等金融相关的创新业务使金融服务效率不断提升。科技金融在不断降低行业成本的同时，也在推动构建新的金融生态。科技金融不断给科技行业和金融行业带来挑战和机遇，一方面，金融和科技正在全面融合；另一方面，金融机构越来越像科技公司，科技公司也具备了金融机构的特征。

3.1.2 科技金融的特征

（1）科技金融的核心特征是研究金融如何有效且全面为科技产品的生产提供金融服务，以达到促进科技产业发展的目的。要想促进科技与金融的有效结合，就要根据金融活动与科技创新的规律和特点，科学设计和完善相应的金融机构、金融工具、金融服务、金融政策和金融制度。

（2）科技金融是一项系统工程。科技金融的运行，不仅需要金融产品与服务活动，还与金融机构、政策、制度安排息息相关。

（3）基于科技成果转化、产业化的金融资源配置问题是科技金融的重要论题。科技成果向现实生产力的转化是科技产业发展的重要因素，引导资金流向科技成果转化和提高科技成果转化效率主要依赖于金融的创新和制度环境的完善。

（4）政府政策支持与财政投入对科技金融具有引导作用。科技创新具有基础性、社会性、公共性，这也决定了科技投入应以政府财政投入为主（曹颢等，2011）。

3.1.3 科技金融体系

科技金融体系主要由政府、企业、金融机构和中介机构四个主体构成。在这四个主体中，企业是科技金融需求方；金融机构是科技金融的供给方，主要包括银行、信用社、信贷公司、创业投资机构、资本市场、保险机构等；中介机构对科技金融的正常运行，尤其是在报表审计、资产评估及处置、交易合法性、贷款担保等方面起着重要作用，主要包括资产管理公司、会计师事务所、资产评估机构及担保公司等；政府是科技金融体系中一个比较特殊的存在，它既是科技金融的供给方，也是科技金融的需求方，更是科技金融的参与者、调控者和引导者，同时，政府还可以充当科技金融的中介机构。

直接机制与间接机制是科技金融运行的两大机制，直接机制包含了资本形成机制、信息处理揭示机制、风险分散机制和外部监督激励机制；间接机制主要通过完善资源的配置来促进科技创新效率与质量的提高。

第一，资本形成机制。资本形成机制通过金融中介与金融市场，为需要高投入的科技创新活动提供强大而持续的资金支持。政策性金融中介具有引导资金投向的能力，在市场失灵的情况下，能弥补科技创新资金不充足的缺陷。商业性金融中介把政策性金融中介的资金投向作为开展业务的依据，在政策性金融中介的引导下朝着相对正确的方向拓展自己的业务。金融市场不仅为科技创新提供充足的资金，也为科技创新提供有效的风险分散方法。由此可见，这种通过金融中介与金融市场发挥作用的资本形成机制，能够很好地为科技的转化与创新成果产业化提供支持。

第二，信息处理揭示机制。科技金融信息处理揭示机制，是指通过金融中介把收集来的信息进行专业化、规模化处理，降低信息收集成本，并通过金融市场强制要求科技型企业公开重要信息，使供给方的资金实现最优化配置。科技创新活动中普遍存在信息不对称的情况，而科技金融体系中的信息处理方式、方法和揭示机制的建立和完善能减少或者避免信息不对称问题，进而提高投资效率。投资方对科技创新活动的相关信息不了解，且大多数的投资者不具备科技创新活动专业知识，这在很大程度上会导致投资者低估科技创新活动和项目的前景，错过好的投资项目，科技创新活动也很可能因失去良好的资金来源和支持而最终失败。信息不对称问题会导致投资者减少对科技创新活动的投入。科技金融体系的信息处理揭示机制能够很好地保障科技创新活动的顺利开展。

第三，风险分散机制。高技术产业在科技研发等活动中会遇见各种各样的风险，包括道德风险、流动性风险、技术风险、市场风险等，所有的风险都可能导致科技创新活动的失败，而仅仅依靠科技活动的创新主体，是很难防范这些风险和承受风险带来的损失的。科技金融具有风险分散机制，对于风险高的科技创新活动，金融中介与金融市场分别具有分散跨期风险与转移横向风险的能力。依靠科技金融的风险分散渠道和机制，能很好地分散科技创新活动中的风险，保障科技创新活动的进行，从而促进科技成果的转化。

第四，外部监督激励机制。科技创新活动中金融中介对信贷方进行前期相关情况的调查，从而较为全面地掌握基本情况，能避免逆向选择的发生。金融中介与需求方通过签订一系列的条款，可以抑制科技活动中信贷道德风险的提高。在一个企业运行以委托-代理为主的时代，信息不对称普遍存在，道德风险高逆向选择频发，能为科技创新活动提供外部监督激励的科技金融体系，能保护其相关者的利益不遭受损失。同时，价格机制与股权激励机制能提升管理者积极性，从而有效保障投资者的利益，保障科技创新活动的顺利展开。

3.2 科技型企业

3.2.1 高技术产业的内涵

高技术（High-tech）一词最早出现在20世纪70年代初美国国家科学院出版的《技术和国际贸易》一书中（陈益升、刘鲁川，1988）。1983年《韦氏第三版新国际辞典》收录了“高技术”词条（王一鸣，2019），并给出了“使用或包含尖端方法或仪器的用途的技术”（陈益升、刘鲁川，1988）的定义。也有学者认为应用研究就是技术，“应用研究有时同基础科学的发展有着密切的联系，有时则没有联系……如果它同科学有联系，那么它就被称为‘高技术’，如果没有联系，它就被称为‘低技术’”

（Durbin，1980）。国内也有学者指出高技术是人类在探索自然规律、攀登科学高峰的过程中，用不断获取的尖端科学知识所开发的技术（宋德育，1999）。这种在经济上能够取得重大效益的尖端技术，具有高人类智能、高知识密集度的特征，而且能够转化为一定的生产力并产生高效益（黄先海、杨高举，2009）。美国国际贸易管理局定义的 R&D 强度，考虑了在投入产出模型里体现在中间投入中的直接 R&D 强度和间接 R&D 强度，并将 R&D 强度位于前 10 位的技术定义为高技术（Armington，1983；Abbott et al.，1989）；但也有学者指出，这一定义把一些研究开发投资很高，但未能对社会经济产生深远影响的产业排除在了高技术的概念之外（陈益升、刘鲁川，1988）。高技术产业及中低技术产业的概念最早出现于美国的经济社会学界，高技术经常被直接用来描述产业的划分或产业部类。美国商务部（1982）主要从两个方面定义高技术产业，一个是研发经费在总产值中所占的比重，另一个是科学家及工程师在总职工中所占的比重，若以上两个指标都在 10% 以上，则可把该行业视为高技术产业（张萌，2014）。美国学者纳尔逊（1984）在《高技术政策的五国比较》中指出，"高技术产业是指那些大量投入研究与发展资金，以及以迅速的技术进步为主要标志的产业"，即那些投入了大量研发人力、财力、物力，并且拥有迅速的技术进步的产业为高技术产业。纳尔逊进一步指出，"高技术产业是能够导致经济增长的'先导产业'①"（陈益升、刘鲁川，1988）。按照经济合作与发展组织（OECD）的定义，高技术产业指 R&D 经费占总产值的比例远高于各产业平均水平的产业（许正中、吴旭晓，2011），是指制造业中那些技术密集程度相对较高的行业的集合，具有技术含量高、产品附加值大、产品生命周期短、开发研制费用大、经济效益好的特点（孙静娟等，2008）。1986 年，OECD 第一次正式定义高技术产业，其用 R&D 经费强度，即 R&D 经费支出占制造业总产值的比重（孙静娟等，2009），

① 先导产业概念的理论根源是熊彼特的长波理论，在熊彼特的理论中，先导产业是决定未来经济长波发展方向的产业（Schumpeter，1939）。

根据联合国制定的国际标准产业分类（ISIC），选取22个制造业行业，对13个比较典型的成员国的22个部门R&D强度进行分析后，将其中R&D经费强度高于其他产业的六大类产业定义为高技术产业，分别是医药品制造业、航天航空制造业、电子及通信设备制造业、专用科研仪器设备制造业、电气机械及设备制造业、计算机及办公设备制造业。同年，OECD根据R&D经费强度将产业划分为高技术产业、中技术产业和低技术产业。随着时间的推移和世界各国研发投入的加大，OECD又将产业划分为高技术产业、中高技术产业、中低技术产业和低技术产业四大类，其中后三类的划分标准都是R&D经费强度低于4%（Audertsch，1996）。随着知识和科技因素的急剧增长，1994年，OCED重新制定了高技术产业的界定指标，将R&D总经费（直接、间接R&D经费之和）占总产值的比重、直接R&D经费占总产值的比重和间接R&D经费占增加值的比重三个指标均明显高于其他产业的四类产业，即计算机及办公设备制造业、航天航空制造业、医药品制造业、电子及通信设备制造业归为高技术产业（孙静娟等，2008；谭笑天等，2009）。2007年，OCED以成员国平均R&D经费强度为划分依据，重新界定了高技术产业，即航天航空制造业、医药品制造业、计算机及办公设备制造业、电子及通信设备制造业、医疗器械及科学仪器制造业五类（高莉，2010）。OECD所提供的高技术产业的定义、分类、目录被国际社会广泛认同和采用，也是我国研究和界定高技术产业的基础（孙静娟等，2008）和方法（高莉，2010）（见表3-1）。

表3-1　OECD高技术产业的分类演化

年份	分类	分类内容
1986	六分类	航天航空制造业、计算机及办公设备制造业、电子及通信设备制造业、医药品制造业、专用科研仪器设备制造业、电气机械及设备制造业
1994	四分类	航天航空制造业、计算机及办公设备制造业、电子及通信设备制造业、医药品制造业
2007	五分类	航天航空制造业、医药品制造业、计算机及办公设备制造业、电子及通信设备制造业、医疗器械及科学仪器制造业

在我国统计体系中，由于高技术产业和高新技术产业未被学术界严格区分，因此高技术和高新技术常被作为同一个概念使用（谭笑天等，2009）。但也有学者指出，新技术是在技术水平上相对于高技术而言的，高技术与新技术的合称是个非常广泛的概念，基本上包括了除传统技术以外的所有技术（宋德育，1999）。有学者进一步指出，高技术的含义不确定，是因为学者对高技术的理解源自不同的视角，就一般技术而言，高技术指的是对人类生活有重大影响的如微电子技术、空间技术、生物技术等突破性技术，是对人类生活和人类社会产生重大影响的新的产品与服务；从一个国家的产业结构和经济实力角度讲，高技术与产业联系紧密，它是高技术产业的简称（顾淑林，1988）。但新技术产业不一定是高技术产业，而高技术产业可以是新技术产业，也可以不是新技术产业（谭笑天等，2009）。高技术产业是指以科学最新成就为基础的尖端科技产业，新技术产业是指以新技术为基础的新产业（李正，2005）（见表 3-2）。依据 OECD 对高新技术产业的界定标准和我国的实际情况，以及 2002 年 7 月国家统计局印发的《高技术产业统计分类目录的通知》，我国高技术产业的统计范围包括航空航天制造业、电子及通信设备制造业、电子计算机及办公设备制造业、医药制造业和医疗设备及仪器仪表制造业（许正中、吴旭晓，2011）。

表 3-2　高技术产业与高新技术产业概念对比

事项	高技术产业	高新技术产业
划分指标	按技术资源密集度划分	按“新产品”划分
可操作性	可用定量的方法进行分类	不易用量化办法划分
分类特点	技术资源密集度显著高	对象的特征不明显
分类范围	涉及少数行业	涉及众多行业，包括传统产业
可比性	国际通行，可作国际比较	无国际标准，可比性受限制

3.2.2　科技型企业的界定

科技型企业，国际通用名称为高技术企业（张玉明，2010），是指以高技术产品为主要对象，进行研制、加工、销售等（马垠、曾繁荣，2008）业务活动的企业（甘秀文，2015），是技术开发、技术转让、技术咨询、技术服务以及开发经营技术密集产品等（吴海燕等，2009）一体化经营的经济实体（马垠、曾繁荣，2008；吴海燕等，2009）。也有学者认为科技型企业又称高技术企业、高科技企业，科技型企业通常将科学技术创新方面取得的最新成果运用于生产经营方面（仇荣国，2017）。我国科技部对科技型企业有着严格的定义，即科技型企业主要是拥有自主知识产权，以新产品开发、生产和销售为主营业务的机构，其类别包含但不限于高技术企业。

因为科技型企业在技术方面具有领先性、产品方面具有新颖性，所以科技型企业能够获得较高的市场额，创造更高的利润。科技型企业虽然在科技成果转化方面卓有成效并获得了社会的高度关注，但学界对科技型企业的认定尚未形成统一标准。《科学美国人》将科技型企业认定为一种需要不停进行高附加值创新的企业，在这类企业中，高级工程师和科学家数量不低于员工人数的 10%，同时，若该企业从事最边沿技术，工程师和科学家数量是员工数目的 15%（李森森，2014）。

在国外已有概念界定的基础上，2008 年 4 月，我国科技部、财政部及国家税务总局联合颁布了《高技术企业认定管理办法》（国科发火〔2008〕172 号）及其附件《国家重点支持的高技术领域》，对高科技企业的认定条件进行了界定：①在中国境内（不含港、澳、台地区）注册的企业，近三年内通过自主研发、受让、受赠、并购等方式，或通过 5 年以上的独占许可方式，对其主要产品（服务）的核心技术拥有自主知识产权。②产品（服务）属于《国家重点支持的高技术领域》规定的范围。③具有大学专科以上学历的科技人员占企业当年职工总数的 30%以上，其中研发人员占企业当年职工总数的 10%以上。④企业为获得科学技术（不包括人文、社会科学）新知识，创造性运用科学技术新知识，或实质性改进技术、产品（服务）而持续进行了研究开发活动，且近三个会计年度的研究开发费用总额占销售收入总额的比例符合如下要求：最近一年销售收入小于 5000 万元的企业，比例不低于 6%；最近一年销售收入在 5000 万元至 20000 万元的企业，比例不低于 4%；最近一年销售收入在 20000 万元以上的企业，比例不低于 3%。其中，企业在中国境内发生的研究开发费用总额占全部研究开发费用总额的比例不低于 60%。企业注册成立时间不足三年的，按实际经营年限计算。⑤高技术产品（服务）收入占企业当年总收入的 60%以上。⑥企业研究开发组织管理水平、科技成果转化能力、自主知识产权数量、销售与总资产成长性等指标符合《高技术企业认定管理工作指引》（另行制定）的要求。2016 年 2 月，我国科技部、财政部、国家税务总局颁布了关于修订印发《高技术企业认定管理办法》（国科发火〔2016〕32 号）的通知，对高技术企业的认定条件提出修订，修订内容主要涉及：①最近一年销售收入小于 5000 万元（含）的企业，比例由不低于 6%调整为不低于 5%；②调整“科技人员占比”指标，将原“具有大学专科以上学历的科技人员占企业当年职工总数的 30%以上，其中研发人员占企业当年职工总数的 10%以上”，调整为“企业从事研发和相关技术创新活动的科技人员占企业当年职工总数的比例不低于 10%”。

科技型企业的特点是高成长、高风险、高收益，技术创新是企业生存和发展的基础（吴海燕等，2009）。有学者认为增长率高、附加值大和研发费用高昂、出口导向强烈及高技能生产技术密集是科技型企业的显著特点（李森森，2014）。也有学者指出，科技型企业需要符合以下三个特点：第一，高技术服务业、新能源及节能技术、电子信息技术、资源与环境技术、高技术改造传统产业、新材料技术、航空航天技术、生物与新医药技术等属于国家重点扶持领域，而科技型企业的产品应最少属于其中一种。第二，企业当年总收入的 3%以上要用于科技创新研发。第三，科技型企业能够持续引进、吸收、再创新，包括原始性创新、集成创新等，并应该设有独立的研发部门、机构。同时，科技型企业技术人员需要占科技企业员工总数的 20%以上。此外，科技型企业要以科技创新为立足点，以科学技术为主要生产要素，主产品技术含量高且是技术密集型，往往是高风险的企业（李善民等，2015）。可见，技术创新、研发投入高、技术密集及高风险是科技型企业的统一特点。

3.2.3　金融对科技创新的促进作用

金融结构的优化可以促进科技创新发展。金融结构随金融体系的完善而发展，一个地区的金融体系越健全，则金融结构越合理、层次越清楚、开放程度越高，对风险的控制能力也越强，金融结构对科技创新的作用也越大。如果要更好地促进金融发挥其对科技创新的支持作用，促进科技型、高技术产业发展，就要协调各金融主体的关系，促使各金融主体分工合理、协调运作。

金融规模的大小对科技创新具有促进作用。金融规模指金融资产的总量，是经济社会发展的基础、科技创新的动力。在以银行为主导的金融体制下，金融规模的发展必然体现在货币储蓄量的增加上，高储蓄量会引发高投资需求，因此金融规模对科技创新具有促进作用。

金融效率对科技创新具有促进作用。金融效率的本质是资金融通的效率，人们充分利用有限的人力、物力、财力等资源，努力优化资源配置，提高资源配置效率，并达到以最小的成本创造出最大的效率和效益的目的（回广睿，2014）。

因此，金融结构、金融规模、金融效率在不同的层面对科技创新起到促进和支持的作用，为科技创新的发展提供趋势分析基础，为科技创新指引方向。当前，我国因为经济体制的原因，金融规模不足、结构不合理、效率偏低，整个金融体系不完善，因此我国金融体系的整体效率偏低，最终导致金融资源配置效率低下。因此，我国要深化金融改革、完善金融体制，促进金融规模、金融结构与金融效率三者的协调发展，促进我国科技的创新发展（朱文莉等，2015）。

3.3 科技金融相关理论基础

3.3.1 "麦克米伦缺口"理论

"麦克米伦缺口"理论（Macmillan Gap）于 1931 年由麦克米伦提出（周明明等，2016）。该理论是指现代中小企业在生产经营过程中普遍存在金融资源短缺问题，特别是长期融资，金融资源供给不足，形成了巨大的资金配置缺口。在经济萧条的 20 世纪 30 年代，英国金融产业委员会在公开政府报告中提出这个概念（邓向荣、周密，2005）。为摆脱当时经济大萧条的困扰，1929 年英国政府指派以麦克米伦爵士为首的金融产业委员会调查了英国工商业和金融业（纪琼骁，2003）。1931 年，麦克米伦在《麦克米伦报告》中指出，在英国金融制度中，中小企业融资存在长期资金缺乏的"麦克米伦缺口"，这将对中小企业的发展产生严重影响（邓向荣、周密，2005），即中小企业在筹措必需的长期资金时，虽然有担保，但仍存在融资壁垒，需要政府采取一系列措施来拯救危机（纪琼骁，2003）。

"麦克米伦缺口"现象本质上是一种市场失灵。之所以将之称为市场失灵是因为"麦克米伦缺口"从外在表现、形成原因等来看，符合"市场失灵"的特点：首先，它是一种"帕累托改进"状态。中小企业是资金的需求者，但因存在融资壁垒，资金的供给者没有将资金有效配置到资金需求者的手上，供给与需求没有得到协调，没有达到帕累托最优状态。其次，无论是直接融资还是间接融资，中小企业融资都存在困难，市场的力量在中小企业的资金融通中未能有效发挥作用。一方面，由于中小企业财务及管理制度不健全，难以办理征信，加之担保能力不强，抵押品品质低，借款笔数多，单笔借款数额较小，手续复杂，因而金融机构认为对中小企业进行资金融通风险大、成本高、盈利少，一般金融机构向中小企业提供资金的意愿不强。另一方面，中小企业知名度低，上市成功率不高，难以通过金融市场融资。大银行的垄断、银行与中小企业的信息不对称、交易成本较高等致使市场力量没有有效发挥作用（纪琼骁，2003）。

事实上，中小企业以及初创项目融资难的问题在世界各国一直都存在，这一“麦克米伦缺口”问题一直是世界各国都很重视的问题，中小企业成长中的金融支持问题都是各国政府致力要解决的重点、难点问题。为了解决该国际性难题，各个国家和政府不仅从法律层面给予中小企业以制度支持，在产业政策上也提供多方面的优惠措施。如1982年美国国会制定的中小企业创新研究计划中规定，所有属于政府划拨的R&D经费超过1亿美元的，必须按一定的比例向中小企业创新计划提供资金，用于资助中小企业开展R&D活动。美国《小企业融资法案》规定，联邦政府采购中必须保证小企业获得23%的份额，并要求大企业的政府采购份额也必须将其中的20%转包给小企业。解决“麦克米伦缺口”问题的一般方式为建立政策性金融机构，进行“政策性融资”（纪琼骁，2003）。西方国家也在尽力弥补“麦克米伦缺口”，着力组建数量相当的中小金融机构。1945年英国设立了英国工商业金融公司，主要为中小企业提供长期投资；1958年美国依据《中小企业法》成立美国中小企业管理局，作为联邦永久性独立机构，直接参与中小企业融资活动；1952年意大利设立中小工业企业中长期信贷中央金库，专门为中小工业企业的创建、扩建和设备更新等筹措资金；日本成立了中小企业金融公库、国民金融公库、中小企业信用保险公库等机构来保证中小企业获得充足发展资金。此外，法国、韩国、泰国等国也均设立了专门的中小企业金融机构。但是，世界范围内的“麦克米伦缺口”现象依然大量存在，中小企业的资金供给不足现象并未得到根本性的改变。美国中小企业融资中企业主储蓄占45%，亲友资金供给约为13%，银行及其他金融机构的信贷资金约为29%，中小企业管理局向中小企业提供的直接贷款约占1%，证券融资仅占4%。从中小企业的融资结构可以看出，它们的资金供给大部分来自家族内部，外部的融资较少，优质资源所占比例通常低于10%，在实际融资过程中美国中小企业若想获得外部融资要付出比大企业高出3~6个百分点的成本。1980—1998年美国的中小企业获得外部商业信贷融资数据显示，商业贷款总额不超过410亿美元，按2500万家企业计算，平均每一企业获得的贷款总额约为1540美元，若按年度平均计算，中小企业获得外部商业信贷融资每年每家企业平均不到100美元，小型科技创业企业获得的“天使融资”资金总额只有130亿美元。欧洲国家的情况和美国没有太大的差别。总之，“麦克米伦缺口”现象已经减弱，但是这一全球性的问题并没有完全消失。

根据河南省的情况来看，其所面临的信息不对称、信贷技术不发达、信贷手段单一及对中小企业与初创项目的培育欠缺等问题，使其“麦克米伦缺口”现象更加严重。另外，河南省金融资源多由政府配置，金融的供给方多为国有银行、国有投资机构等一些大型的国有金融机构，因为受到体制的影响，加上对初创项目及小微企业有规模歧视，再加上我国金融监管的制度架构不完善，使“麦克米伦缺口”现象在河南省更为严重。

3.3.2 投资与技术创新不可分割论

麦金农在《经济发展中的货币与资本》中论述了“不可分割的投资与技术创新”之间的关系，强调了金融体系在推动企业采用新技术方面的重要作用，指出“事实上不可分割问题是如此重要，资金融通上孤立无援的企业家，很容易陷入一个低水平的均衡陷阱，除了极小部分很富裕的人外，技术创新在这里将受到完全的限制”（麦金农，1988）。金融投资与技术创新二者密不可分，金融资本的流通状况和企业家技术改进的情况之间有着紧密的关系，在这些企业家中除了资金富裕者，陷入“低水平的均衡”的企业最终会难以实施技术的改进（胡苏迪、蒋伏心，2012）。麦金农认为，金融对企业的技术创新有着很大的支持作用，这主要表现在金融市场可以通过一系列的存单、票据、股票等形式来吸引社会资金，进而通过金融市场对资源重新进行配置，最终推动技术的创新和改进。

3.3.3 演化经济理论与技术创新路径

演化经济理论作为现代西方经济学的一个重要理论，其思想萌芽可追溯至马歇尔。熊彼特最先提出了经济演化的思想（陈道江、周红，2003），并在其著作《经济发展理论》中提出了一个用于解释变迁和进步的演化理论（Schumpeter，1982），借鉴达尔文的生物进化思想（赵晓丽等，2013），以技术性变迁和制度变动为研究核心，研究技术创新和制度创新在市场经济活动中所产生的作用。Nelson 和 Winter（1985）在《经济变迁的演化理论》一书中提出了演化经济理论，该理论在自然选择理论的基础上，对熊彼特提出的理论进行了批判性①的继承，并证明组织、惯例和进化学说提供的基础使得市场中的创新行为在理论上变得可行（陈道江、周红，2003）。20 世纪以来，演化经济理论不断发展，其中的技术性要素的重要性越来越强，该理论在国内的理论界也有较多的应用。随着科学技术在经济发展中的作用越来越大，众多的学者利用演化经济理论进一步解释了金融工作、金融市场的发展演进进程，更加强调科学技术在金融发展中的推动作用。

技术创新的动力源自技术创新的路径依赖向路径创造转变（姜劲、徐学军，2006），David（1985）和 Arthur（1989）最早将路径依赖理论纳入技术创新研究范畴。随后，有学者指出技术创新是“路径依赖”的（Dosi，1988；Mokyr，1990；Redding，2002），认为技术发展的历史模式在决定未来技术变革的速度方面起着核心作用，二次开发的历史路径影响当前从事基础研究的动机（Redding，2002）。路径依赖有以下四个特征：①创新是内生的；②新技术的发现是一个内在不确定的过程；③技术进步是“基础创新”和“二次创新”相结合的结果，“基础创新”为技术发展开辟了全新的领域，“二次创新”是对每一项基础创新潜力的渐进改进；

① 熊彼特过分强调企业家创新的角色，因而低估了小规模创新行为（陈到江、周红，2003）。其借鉴了生物学的概念，有时难免陷入点状主义与渐进主义的辩论。重大的创新、技术上小规模的创新和产品的系统性更新常常引起争论（Nelson et al.，1980；Dosi，1982）。

④一项技术获得的次级知识与下一项技术的相关性往往有限（Redding，2002）。然而，路径依赖导致技术创新锁定于现有非优的、低效率的技术，并最终导致该路径上创新的低效率（Balmann A. et al.，1996），造成以上问题的根本原因是收益递增规律（Arthor，1994）。

由于技术创新的路径依赖造成创新锁定于非优技术这一事实，有学者通过调查技术锁定发生的环境延伸出了路径创造这一概念。这些学者并没有把技术锁定过程看作是被动的历史因素，他们强调企业家和企业与环境的互动作用（Garud et al.，2001）。《作为意识偏差的路径创造》（2001）指出，实时影响和平均偏差有助于区分路径创造和路径依赖。与依赖路径不同的是，路径创造关注的是企业对其周围环境的实时影响。“企业家在一系列事件中有意义地导航，即使这些事件是由他们构成的……企业家试图通过启动积极塑造新兴社会实践和人工制品的过程来实时塑造路径，其中只有一部分可能导致新技术领域的创建”（Garud et al.，2001）。可以说，路径依赖不会给创业者留下任何空间，让他们在塑造环境时“用心”发挥作用。通过谨慎的偏离，路径创造者即企业家通常需要改变内生的社会实践、法规或制度，使其远离可接受的、舒适的或最佳的结构。这个过程与优化无关，因为企业家的角色是内生化一个新的结构，他们将从中受益。根据路径创造理论可知，在市场中胜出的新技术和生产过程反映了生产者、消费者和监管者之间的动态相互作用。总之，路径创造突出企业家和企业的积极作用，因为正是这些行为者帮助推进了市场的演变和创建了市场运作的规则（Stack et al.，2003）。

尽管路径依赖转向路径创造极为不易和复杂，但由于技术创新系统的开放性，随着环境的变化，创新主体终将会从他们嵌入的系统中转变出来（Ruttan，1997）。姜劲和徐学军（2006）根据创新的不同形式，将技术创新路径依赖到路径创造的转变形式归纳为跃迁方式和飞越方式。复杂适应系统理论能很好地解释技术创新从路径依赖到路径创造的复杂转变过程（Holland，1995）。微观方面，复杂适应系统的最基本的概念为主体是具有适应能力的、主动的个体。主体在与环境的交互作用中遵循一般的刺激-反应模型，为了更好地在客体中生存，它的行为规则会依据行为的效果而改变。宏观方面，主体组成的系统，将在主体之间以及主体与环境的相互作用中发展，表现为宏观系统演化过程中的分化、涌现等形式（姜劲、徐学军，2006）。

3.3.4 “技术-经济范式”理论

Perez（2002）在其《技术革命与金融资本》一书中提出了“技术-经济范式”理论。“技术-经济范式”从生产资本与金融资本二者互动融合的角度来进行分析，认为每次技术革命进行时都有与之相适应的“技术-经济范式”。技术的巨大变化不仅包括一些新产业的异常快速增长，还包括许多“旧”产业的复兴，这些“旧”产业在新产业的影响下找到了使用新技术和改变其组织和管理方式的方法。这种组织、技术和它的相互依赖性，即为“技术-经济范式”的改变。任何技术变革都只能通过社会、政治和管理变革的互动来实现。这意味着范式的改变不仅影响公司层面的管理和组织，而且影响整个社会和政治监管体系，在知识产权制度（商标、专利等）、公司框架和国际贸易，尤其是在教育和培训等领域的监管方面影响明显。对新技术的强烈需求推动了变革。社会和政治因素、特定的历史环境及其他社会和政治冲突与想法，导致了各国和各地区进行这种体制改革能力和愿望的差异。技术传播的过程称为“导入期”，其分为两个阶段——“侵入”和“疯狂”，在后一阶段，金融资本刺激了对新产业、新项目和新基础设施的投资，这些投资变得相当强劲，使市场对新监管制度的需求更加明显。随着政治和社会变革经验的积累，许多公司逐渐习惯了新技术，以至于新技术成为“日常”，“导入期”开始让位于更和谐的“增长期”。卡洛塔·佩雷斯将“增长期”称为“调整期”，并将其细分为两个阶段——“协同”和“成熟”。调整期是基于技术和体制框架良好匹配的相对稳定和繁荣的发展期。结构性失业是“导入期”的一个特征，但在“调整期”许多国家会实现高水平就业。人们认为“调整期”是一个“黄金时代”或“美好时代”。在“调整期”的成熟阶段，回报递减开始出现在旧（现在）的和成熟的技术中，一些曾经生机勃勃的新公司和项目可能会陷入困境。工程师和经济学家都观察到了这种收益递减现象，随着其注意力转移向下一代激进创新，新的“导入期”出现。

3.3.5　科技创新与金融之间的协同互动

科技与金融通过技术流、信息流、资金流紧密联系，协同互动。研究、开发、试生产、市场化阶段的各科技活动无不需要金融支持（Bencivenga et al.，1995）。企业生命周期的不同阶段，科技主体面临的风险、融资成本、资金规模具有不同的特点，需要相适宜的金融机制配合（Perez，2002）。金融主体对科技主体除了具备流动性供给（Colombo，2011）、缓解融资约束、分散风险和价值发现（Mudambi et al.，2016）、引进国外技术（芦锋、韩尚容，2015；易信、刘凤良，2015）、人力资本效率优化（Saint P.，1992）的功能外，还具备审查主体信息、监督主体资金使用、对主体进行风险管理、优化资源配置、完善科技企业治理（Saint P.，1992）的作用，科技主体对金融产品、服务、制度创新的依赖性日益增强（Hyytinen et al.，2005；Mudanmbi et al.，2016）。同时，科技作为第一生产力，实现第一竞争力是其目标（赵昌文等，2009）。技术创新促进了金融发展，技术变革激发了金融创新，优化了金融机构的业务流程、运作机制和运作方式，促进了金融服务的电子化、网络化（李健、马亚，2014），科技创新活动提高了投融资效率、完善了资本市场、降低了交易成本、优化了信息交换方式（李丛文，2015）。金融稳定理事会提出了科技金融的概念。科技金融主要应用在互联网金融领域，使投融资资产端和资金端的供给规模和范围得以扩大，金融资本报酬率得以增加，金融产业得以发展壮大，科技创新主体吸收了更多的金融资本。科技创新、金融工具和金融服务创新促进了科技与金融的协调发展（Arner et al.，2015）。

金融与信用体系在技术和制度的变革中发挥着重要作用。金融与科技有着紧密的互动关系，而风险资本家在二者的互动中有着重要作用。投资新的科学技术往往能够获得更为丰厚的利润，专业的投资人员具有更为敏感的投资嗅觉，且专业的集团投资对风险的承受能力也更大，此时金融投资与创业技术结合得更充分，新技术能以更高效的方式被推向市场，进而促进产业的扩张（陈涤非，2002）。

3.4 科技金融融合机制分析

科技金融可以有效地支持科技进步，促进企业发展和区域经济发展。科技金融对技术型企业发展和区域创新能力的驱动机制如图 3-3 所示。

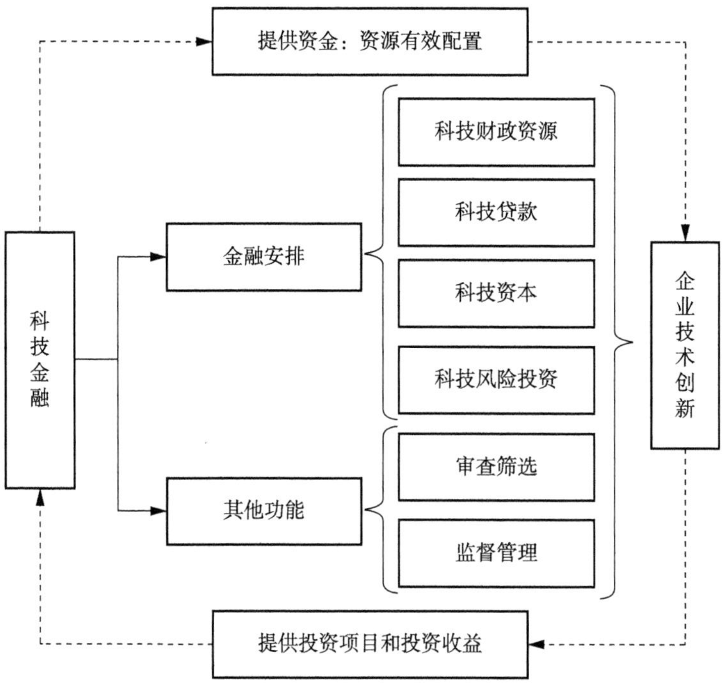

图 3-3 科技金融促进技术创新发展的作用机制

科技金融的主要功能是促进科技成果的转化和推动其产业化，促使资源要素集聚。科技金融促进科技型企业的发展是在建立正确的政府政策引导、良好的科技金融体系体制的前提下，依托于各种形式的金融机构来发挥作用。科技金融发挥其创新驱动作用促进科技型企业发展的具体机制包括合作机制、资源配置机制、风险分担机制、人才保障机制和科技评估机制（韩俊华，2020）。

3.4.1　合作机制

科技与金融协同互动发展的目的是金融服务、技术创新一体化，包括供求主体之间的合作和供求主体内部合作。首先，供求主体之间的合作。科技和金融主体通过参与式、交互式学习，能够熟悉对方业务知识，获得更多对方的信息源，从而降低双方信息不对称程度，增加自身的开放程度。科技企业在初创期能够得到政策性金融支持和天使投资、创业风险投资的资金支持；在成长期，拥有良好的经营前景的科技企业能够得到银行的科技贷款和资本市场的金融支持。其次，供求主体内部合作。金融产品和金融服务是稀缺资源，制约科技创新水平。产学研主体会优先选择与竞争力强的科技企业合作，来竞争有限的金融资源。商业银行客户面广，有大量的信贷交易信息，风险投资机构对特定客户和细分市场有更深入的研究，商业银行和风险投资机构进行信息共享，可以降低与客户之间的信息不对称程度，减少风险损失。不同的金融机构提供的金融产品和金融服务不同，金融机构投资战略联盟能够满足不同客户融资的差异化需要，为科技主体提供适宜的融资服务。多个投资主体共同提供金融服务能够分担信贷风险，比如商业银行为科技企业提供贷款时，有担保公司、保险企业加入，三者就可以共同承担信贷风险损失，并共享收益。

3.4.2　资源配置机制

因为资源的有限性，国家制定了产业政策目录，对重要行业、优先发展领域的科研项目给予政策性金融支持，这样可以调整研发主体的成本收益预期，增加创新主体的创新积极性和资金投入，引导资源优化配资，解决资源配置中的市场失灵和市场残缺问题。市场机制是科技和金融协同发展的前提，供求关系形成了金融资源要素市场价格（利率），要素市场价格进一步影响资源要素供求。科技企业在种子期和初创期，虽然投资风险较高，但是也存在高收益，一旦创新成功，投资方将获得巨额利润。风险投资是主动追求高风险、高收益的权益资本，在资本配置中，科技企业让渡了部分剩余控制权和剩余索取权，风险资本家作为技术专家、管理专家和金融专家参与企业经营管理，保障企业良好运营、顺利上市，并使用多种证券工具，如优先股、可转换债券、创投公司联合投资、分阶段投资等，对科技企业进行监督。分阶段投资具有相机治理功能，当科技企业发展较好时，风险投资资本家提供后续投资；当科技企业发展受阻时，风险资本投资家会接管企业，换掉科技企业负责人，终止后续投资。风险投资中的监督、激励机制很大程度上降低了投资风险，优化了资源配置。科技企业在种子期和初创期自有资本有限，不一定能够得到风险资本的青睐，此时民间资本是重要的资本来源。当利率升高时，资本供给量增加。民间资本利率高，是社会关系型融资，信息不对称程度低，其利率定价充分考虑了借款人的信用、经营状况和知名度。科技企业在发展期和成熟期，产品的市场占有率不断提高，经营规模持续扩大，经营现金流大幅增加，经营风险越来越小，此时企业状况符合银行信贷的低风险要求，银行信贷投放越多，就能从科技企业的发展中分得越多创新收益。在该阶段科技企业融资渠道更加多元化，通过资本市场融资成为科技企业的重要选择。资本市场融资是一种权益资本，能降低科技企业杠杆率，资本市场的多层次能够与科技企业发展周期相匹配，完善的资本市场，能够吸收更多的社会资本参与，实现大众创业、万众创新，资本市场的发展也完善了风险资本的退出渠道，优化了风险资本的资源循环配置。

科技金融的科技和金融两个要素相辅相成、互相融合。科技金融通过科技和金融这两个要素的合理共融构建起了对科技企业的金融支持机制，这其中包括了金融系统对整个科技产业的宏观支持，政策性金融和一般金融机构对单个科技型产业的微观支持。系统性的金融支持必须有效发挥政府的引导性作用，只有政府及时地规范、引导，才能保证科技市场资源配置合理、资金运用效率高，保证科技型产业市场产出最大化。

在技术创新的四大过程，即技术开发、产品开发、产能开发、市场开发中，会产生收益与风险并存的融资需求，因为科技型企业投资风险较大，商业银行等金融机构不会立即给予资金支持。由于缺乏资金的支持，一些具有广阔发展前景的项目会受到较大的发展限制，进而阻碍社会技术的进步（王嘉玉，2012）。

科技金融从政策性金融、一般商业金融、资本市场、风险投资几个方面为科技产业提供支持。

政策性金融主要是依据生命周期理论，采取不同支持措施来支持不同成长期的企业发展。科技企业的生命周期分为种子期、初创期、成长期和成熟期（赵昌文等，2009）。①种子期即新产品、新技术的开发阶段，此时企业没有创新产品，只有实验室成果和市场前景，所以，该阶段只有研发投入，没有经营现金流，有很大的技术风险和开发风险，失败率很高。种子期是企业成立的前期，主要是购买实验研究需要的原材料，资金需要量较小。该阶段的资金来源主要为创业者的自有资金，自有资金占比达70%，还有少量的天使投资，此阶段天使投资回报率高达2000%（赵昌文等，2009）。创新投资具有正外部性，创新成果很容易被模仿，个人收益较小而社会收益较大，而市场资源具有排他性。在种子期，政府的研究开发资金也是企业的重要资金来源，可以解决市场失灵问题。②初创期是种子期的创新项目成果通过创业向产业化转变的阶段。该阶段的资金需要主要是产品开发和销售市场开发需要。该阶段企业还不具备大批量生产能力，产品单位生产成本较大，企业仍然处于亏损状态，但随着产品销售量的不断增加，产品成本降低，销售收入增加，亏损越来越小。该阶段的风险已经从种子期的技术风险转为市场风险。因为市场风险的存在，新产品的销售收益具有很大的不确定性，财务风险较大。该阶段融资仍然较为困难，除了创业者的自有资金外，企业主要的资金来源是上下游产业链贸易融资，以及政府基金引导和风险投资，其他的融资渠道还包括民间借贷、互联网金融、内部职工集资、担保贷款。③成长期的企业，产品得到市场认可，销售能力增强，市场份额提高，经营现金流增加，产品竞争力不断增强，市场的开发和生产规模不断扩大，企业的主要风险是经营管理风险和资金需求缺口导致的投资不足风险。该阶段有形资产抵押品增多，业务记录增加，产品声誉良好，财务披露规范。该阶段融资渠道呈现多样化，根据“盈利但现金短缺”原则，商业银行贷款增加，科技企业也偏爱选择商业银行贷款，因为债务不具有股权稀释作用。因为盈利增加，内源融资也是重要的资金来源。其他的融资渠道还包括风险投资、政府基金、贸易融资、互联网金融、民间借贷。随着企业的不断发展，政府投入减少。④成熟期的科技企业已经从中小企业发展成大企业，经营业绩、知名度都达到了空前的规模，营销服务、技术水平、经营管理、组织结构、人才素质都发生了质变。但是该阶段产品市场饱和，产品利润率降低，新产品市场竞争压力较大，主要面临转型风险，需要整合资源、创新变革，寻找新的利润增长点。创新转型需要大量资金，因为经营业绩稳定、资产规模较大、经营现金流充沛，该阶段融资能力较强，企业偏爱长期债务融资，因为对信用等级影响较小，商业银行贷款主要是授信额度贷款。规模较大的科技企业积极进行主板市场融资和创业板市场融资，资产证券化、员工认股、债券发行都是常用的融资形式。资本市场和投资银行的金融服务更为重要（韩俊华，2020）。基于此，在企业发展初期，为鼓励其创新发展，应适当给予初始投入；对于政策性金融资金的发放者，国家可以制定相关政策给予一定优惠，以鼓励其为科技型企业提供优惠的贷款，为高科技项目提供启动资金。

一般商业金融是以盈利为主要目的的金融经营模式，我国商业金融资产以商业银行为主，以“流动性”“盈利性”“安全性”三性理论为依据，为企业提供融资和投资咨询业务，为企业融资提供高效的资金支持（葸汉霞，2018）。

在国家政策的支持下，在国家资本市场的制度创新过程中，科技企业借助资本市场的力量，在中小企业板、创业板上市，并获得资金，与此同时，研发资金的投入也不断增加，使科技企业自主创新能力进一步得到提高。

风险投资在很大程度上促进了科技型企业科技成果的转化，是市场资源有效配置的途径。近年来，为了突破自身发展瓶颈，越来越多的科技企业选择通过风险投资来发展和转化创新成果。

3.4.3　风险分担机制

科技金融在支持企业发展的过程中不可避免地会遇到风险，风险分担在科技金融给企业发展带来资金支持的过程中承担着重要角色，风险分担并不是单一机构能做到的，其需要多方合作，如政府、银行、保险公司等。政府参与应以索洛模型①（Solow，1957）为依据，Solow 的理论帮助我们厘清了物质资本积累的作用，并且强调了技术进步是经济可持续增长的驱动力（Charles et al.，2013）。作为新古典学派的带头人之一，Solow 提出了加大科技创新力度，提高劳动有效性，让技术进步带动产出增长的观点，在这个过程中政府要充分发挥作用，通过财税和金融政策促进企业发展，通过搭建平台、构建制度体系来分散和疏导风险。利益相关者理论（R. Edward Freeman，1984）指出，除了股东外，企业在发展的过程中离不开各环节的参与主体，这其中既包括以上游供货商和下游消费者为代表的交易对象，也包括以政府、媒体等为代表的外部压力集团，还包括以自然环境为代表的外部不可控客体。只有这些利益相关者紧密联系、分工合

① 索洛模型是 1957 年 Solow 在 C-D 生产函数模型的基础上提出的。

作，做好资金融通、政策指导、有序监督、风险分担等各方面的工作，一个企业才能健康有序地发展。风险分担是科技金融支持企业发展的重要环节，主要表现在事中对科技项目的筛选和事后对科技创新的监督上，涉及政府、机构等多个主体。政策性金融、商业性金融、资本市场、风险投资几种金融方式在参与科技创新时，因其自身性质对科技型企业和科技成果转化项目进行其标准体系下的审查，在这个过程中，优质的项目被筛选出来，相对劣势的项目则被淘汰或放弃。

企业发展和各投资者联系紧密，政府、金融机构、投资机构等付出了各种心血，必然会对企业进行监督，对企业风险进行分担。

3.4.4 人才保障机制

科技创新和金融创新都离不开科技人才。经济的发展，离不开人才投入机制、人才开发和引进机制、人才评价和激励机制、第三方服务机制的保障。政府财政资金在人才培养投入中居于主体地位，是科技与金融人才培养的专项经费，是人才培养主体——高校和科研院所的主要经费来源。培养科技人才，需加强高校和用人企业的紧密合作，应该知识导向和市场导向并进，建立校企合作网络，推进校企科技与金融创新协同向纵深发展。我国的科技与金融创新同发达国家还有一定差距，因此要建立国家层面的创新人才引进计划和“海外留学人才工程”，来缩小与发达国家的差距。人才评价不能论资排辈，应该按能力和业绩评价，要加大对人才的物质和精神激励。良好的人才评价机制和激励机制能够最大限度地激发个人和团队的创造力和研发热情，从而推进科技与金融创新。第三方服务机制包括科技金融研究基地、科技金融智库、科技金融创新团队、科技金融人才。第三方服务机制离不开移动互联网的参与，科技创新和金融创新融合发展不仅是高校和研究机构的事情，还必须得到网络市场的支持，消费者选择是创新的核心要素，不管科技与金融如何高大上，融合都需要接受用户检验，而互联网能够快速实现消费者选择。

3.4.5 科技评估机制

科技部等发布的《高技术企业认定管理办法》明确规定了高技术企业范围及高技术企业评价标准。高技术企业认定范围包括航空航天、生物与新医药技术、电子信息技术、资源与环境技术、新能源及节能技术、高技术改造传统产业、高技术服务业。高技术企业评价标准包括科技成果成长性指标、科技成果转化能力、研发管理水平、高技术企业研发投入、产品收入占比。资本投资具有利润趋向，关注的是核心知识产权市场效益。股权资本的投资目标是长期资本回报及风险资本的退出机制，债权资本的目标是本息收回和风险防范。高技术企业的核心资产是知识产权，因其属轻资产，无固定资产抵押品，商业金融机构不愿提供信贷支持，知识产权认定成为高技术企业获得股权投资和信贷资金的必要条件。知识产权评估缺乏统一的标准，第三方评估机构的专业团队通过资信和专业知识为投资人和金融机构提供可信的知识产权评估，为了提高第三方评估机构的公信力，政府部门如科技部可借助互联网技术，构建互联网第三方评估机构专家库，既保证第三方评估机构的公信力、权威性、专业性，又使知识产权评估具有可行性。

3.5 科技与金融融合的主要形式

3.5.1 创业投资

创业投资，又称风险投资，是指专业投资机构向有发展潜力的科技型企业提供股权资本投资，积极参与企业经营管理和咨询服务，有明确的退出策略，通过股权转让获得资本增值收益。专门进行风险投资的人叫作风险投资资本家，接受风险投资的企业叫作风险企业或创业企业，企业创始人又称为风险企业家。风险投资是一种高风险和高收益并存的权益投资，科技企业的资产是专利和知识产权，不确定性较高，要经过技术研究、产品试制、中间试验、扩大生产和市场销售等过程，每一个环节都面临较高的失败风险，风险投资成功的概率只有20%（赵昌文等，2009），企业可能会经历数年的持续亏损才能盈利。风险投资是一种中长期流动性小的投资，但是一旦投资成功，将获得超额利润。风险投资的运作流程包括资本动员、项目选择和风险资本退出三个阶段。第一个阶段是从资本市场筹集资金。第二个阶段是项目选择，有三个选择标准——好的管理团队、良好的市场前景和高成长价值，选好项目然后投入资金获得股权，并给予管理和资金支持。第三个阶段是退出，风险投资不是永久资本，不是为了通过控制企业来获得长期持续回报，而是在企业快速成长后退出获得超额回报，所以发达的资本市场是风险投资退出的重要渠道。风险资本退出后又可进入下一个循环。

3.5.2 财政科技投入

财政科技投入是指国家通过财政拨款和税收优惠政策等直接或间接方式投资于科技活动的经费。财政科技投入是一项战略性投资，目的是强化科技创新，提升国际竞争力和国家创新能力。基础性研究周期长、风险高、投入高、微观效益低、社会效益高，不符合科技企业成本效益观念。然而，基础性研究具有公共物品特性，能够促进经济增长和社会整体福利的改善。应用性研究存在技术的外溢效应，新产品投入市场很快会被模仿，风险与收益不匹配，这会降低研发主体的创新投资热情。可见基础性研究和应用性研究均会面临市场失灵问题。市场机制缺乏统筹性和前瞻性，会导致低效、重复、无序投资等行为。发展中国家存在市场缺陷，导致市场机制无法稳健运行，资源配置不能实现帕累托最优。政府财政科技投入能够解决创新的市场失灵、市场缺陷问题。美国的科技资源配置是市场主导模式，1953 年，美国总 R&D 研发经费为 51. 6 亿美元，其中联邦政府财政资金为 27. 8 亿美元，联邦政府财政资金占总 R&D 研发经费的比例为 53. 88%；2006 年美国总 R&D 研发经费为 34043 亿美元，其中联邦政府财政资金为 942. 2 亿美元，联邦政府财政资金占总 R&D 研发经费的比例为 27. 68%。联邦政府财政资金在 R&D 研发经费中的占比 1964 年最高（66. 82%），2000 年最低（24. 82%），大多数年份都在 50%以上。在以科技资源配置市场为主导模式的美国，政府的税收抵扣额度也占有十分重要的地位，1990 年美国联邦政府的税收折扣额度为 15. 47 亿美元，2003 年达到 54. 88 亿美元，13 年间增长了 254. 75%（韩俊华，2020）。

3. 5. 3　科技贷款

科技贷款指科技企业获得的贷款，按照贷款的主体，分为商业银行科技贷款、政策性银行科技贷款、民间金融科技贷款和科技银行贷款。科技贷款具有风险大、成本高、信贷配给的特征。中国科技贷款现状是：科技企业融资难，民间金融占有很重要的地位，商业银行科技贷款“向右走”（偏爱给生命周期后期的科技企业发放贷款）。商业银行是中国银行业的主体，科技贷款资金需要量大，因此商业银行是科技企业主要的贷款对象。科技贷款占银行贷款的比重不断提高，成长期和成熟期的科技企业能够获得大量的商业银行科技贷款。商业银行科技贷款创新产品包括商业银行科技贷款证券化、集合委托贷款和知识产权质押贷款。科技企业融资难说明市场配置资源这只“无形之手”存在缺陷，需要政府这只“看得见的手”为科技企业配置信贷资源。中国的政策性银行有国家开发银行、中国进出口银行和中国农业银行。国家开发银行的科技贷款属于开发性金融，为科技企业提供开发贷款，采用“统借统还”贷款模式。中国进出口银行执行国家外贸政策和产业政策，为科技企业出口提供贷款。中国农业银行的科技贷款主要用于农业技术推广和农业综合开发，以支持农业科技成果转化为主。民间金融是正规金融的有益补充，其利率高，属于社会关系型融资，风险较大。在数字经济时代，互联网金融为中小型科技企业提供了融资便利。科技银行是专门服务于中小型科技企业的专业银行，为高风险、高收益的中小型科技企业提供信贷和股权融资。最早的科技银行是成立于1993年的硅谷银行，其不仅发放高利率贷款，还收购股权，直接向科技企业投资，并为风险投资提供服务。

3.5.4 科技资本市场

资本市场服务所有行业的企业，但是从主板市场到创业板市场，再到三板市场和产权交易市场，科技企业越来越多。科技企业各发展阶段的融资需求与资本市场的层次性相匹配，只有大型成熟期的科技企业才有可能符合主板市场的融资条件。科技企业生命周期融资是一个不断升板的过程。总的来说，场外交易市场和创业板市场为科技企业提供了更多的上市融资和股权交易机会。主板市场也叫一般市场，是一个国家和地区证券发行、上市、交易的场所，但是其融资门槛较高，一般处于发展阶段的科技企业会被排除在外。2018年11月5日，习近平总书记宣布在上海证券交易所设立科创板。科创板市场通过股权结构、盈利状况的差异化安排，专门服务于科技企业，体现了包容和平衡理念，实现了融资平衡和一二板市场平衡。截至2020年2月28日，科技板上市公司数量达92家，还有14家正在注册。典型的二板市场是美国的纳斯达克市场，主要为科技企业提供融资渠道，纳斯达克市场具有一板、二板、三板市场功能，是多层次的二板市场，其孵化了微软、IBM等科技巨头。初创期的科技企业可以到三板市场转让股权融资，也可以到区域性产权交易市场出让自己的知识产权来融资，等企业规模扩大，再到高层次的资本市场融资。中国股权市场、债券市场不发达，中小型科技企业融资难，中小企业集合债更适合初创期科技企业，如“03高新债”和“07中关村债”就是由多家发行主体捆绑打包发行、统一命名的，其发行门槛低、融资成本低、筹资金额大。这种融资方式提升了信用，降低了风险（韩俊华，2020）。

3.5.5 科技保险

科技保险是指为了规避技术研发、成果转化和科技产品推广因为内部能力和外部环境不确定导致失败而设置的险种。大数定律是科技保险的理论基础。科技保险覆盖面广，适用于科技创新企业的每一发展阶段。不像风险投资、科技贷款有严格的筛选条件，科技保险条件宽松，按期缴纳保费就能获得保险。中国的科技保险分为人寿保险、财产保险、信用保险。人寿保险是对科研人员的人身保险；财产保险包括科技企业产品责任保险和财产保险；信用保险是指出口信用保险。科技保险能够分担企业风险，促进科技创新，推动科技贷款、风险投资等的快速发展。中国科技保险的险种有关键研发设备物质损失险、关键研发人员团体意外保险和健康保险、小额贷款保证保险等。相较一般的保险，关键研发设备物质损失险合并了传统机损险和财产险；关键研发人员团体意外保险和健康保险放宽了科研人员意外险的年龄要求（70岁）、人数要求、区域要求（世界范围均可）；小额贷款保证保险更适合中小型科技企业的融资需要，降低了借款风险。国外的保险险种有知识财产保险、网络保险、科技创新组合保险。知识财产保险有两类：①知识产权侵权保险；②知识产权执行保险。知识产权侵权保险是被保险人对侵犯他人知识产权遭受赔款处罚进行的保险；知识产权执行保险是被保险人以知识产权为承保标的，当遭受侵权时给予诉讼费支付的保险，也叫“追击型保险”。网络保险是指互联网网络风险保险，涉及黑客入侵、网站责任、网站内容责任、拒绝服务、病毒攻击、商标权和著作权侵权等。科技创新组合保险是对特定风险提供的一系列解决方案，如药品研发成果被复制风险。

3.6 本章小结

本章首先描述了河南省科技金融发展的三个阶段：1978 年前的计划经济阶段、1992 年后的市场经济体制阶段、2006 年后的快速协调发展阶段。其次对科技的概念进行界定，明晰了科技金融的概念、特征、来源渠道及参与主体。最后，分析了科技和金融的关系，在明确概念的基础上，对科技金融的相关理论进行了梳理，主要以“麦克米伦缺口”理论、投资与创新不可分割论、演化经济理论与技术创新路径研究、“科技-经济范式”理论及科技创新与金融之间的互动，阐述了包含合作机制、资源配置机制、风险分担机制及人才评估机制在内的科技金融融合机制，还进一步阐述了科技金融融合的五种形式即创业投资、财政科技投入、科技贷款、科技资本市场和科技保险，为金融促进科技创新、科技金融促进科技型企业发展、科技金融深度融合发展奠定了理论基础。

第 4 章 科技金融发展融合的实践探索与现状

随着我国经济体制改革的不断深入，科技金融也在不断地发展变化，我国科技金融的发展历程与我国的经济体制改革密不可分。本章系统梳理了新中国成立以来科技金融的发展历程，把握科技金融发展的历史脉络，分析在经济、科技、金融领域的科技金融相关政策设计和实践探索。

4.1 科技金融发展融合的实践探索

本节结合当前金融业态和发展趋势，在借鉴国内学者和政策专家研究的基础上，大致将科技金融的发展历程划分为萌芽酝酿期、起步探索期、多元发展期、快速协调发展期和不断融合期五个阶段。

4.1.1 萌芽酝酿期（1978—1984 年）

这一阶段科技金融主要在计划经济指导下发展。由于科技领域的资金投入对国民经济的发展和社会生产力的提高具有重要影响，因此，此阶段我国的科技投入还是由财政统一进行划拨的。政府部门直接将资金拨付给科技研发机构和相关部门，集中解决当时我国经济困难对科技研发的影响。但同时也产生了一些问题，行政资源的配置忽略了市场的作用，行政干预过度产生了资源浪费和投入产出比低等一系列问题。

1978 年，中国共产党十一届三中全会确立了以经济建设为核心的经济体制改革基本方针。1979 年，邓小平在全国各省（区、市）书记座谈会上提出银行要成为发展经济的、革新技术的杠杆，要把银行办成真正的银行的指示。同时，我国政府积极地调整相关政策，1979 年底国家开始实施“划分收支，分级包干”的财政体制改革，并决定适当提高科教文卫等的支出比重。1980—1985 年，科技拨款占国家财政总支出比重都在 5%以上（房汉廷，2015）。1982 年和 1985 年，财政部先后发布了《关于技术开发和新产品试制费用的财务处理规定》和《关于推进国营企业技术进步若干政策的暂行规定》，加强了对企业技术开发的支持。1984 年，银行正式开办了科技开发贷款业务，这不仅拓宽了银行的业务，也拓宽了科技投资的渠道。这一阶段，在国家经济、财政、科技体制改革的指导方针和具体措施推动下，科技金融开始萌芽，以财政、金融等支持科技发展的具体政策或工具为表现形式。由于外部环境不完善，风险主体分散，这个时期的科技金融处于无序发展状态（徐玉莲等，2017），但却奠定了科技金融在我国的发展基础（张明喜等，2019）。

4.1.2 起步探索期（1985—1996 年）

1985 年 3 月，《中共中央关于科学技术体制改革的决定》出台，确立了科学技术和经济建设的战略方针，提出设立创业投资、开办科技贷款的思路以及鼓励全社会开展科学技术投资的指导思想，拉开了我国科技与金融结合实践工作发展的序幕。在上述政策推动下，1985 年 9 月，我国境内第一家创业投资公司——中国新技术创业投资公司成立。1985 年 10 月，《关于积极开展科技信贷的联合通知》（银字发〔1985〕379 号）出台。1991 年，国务院发布《国务院关于批准国家高技术产业开发区和有关政策规定的通知》及系列措施，高技术产业开发区作为促进我国科技经济发展的一项制度安排正式步入发展轨道（高新区后来发展成为各地方政府科技金融工作探索的重要试验区和示范区）。1992 年，中国科技促进会在深圳成立；同年，我国成立了第一家技术风险公司，该公司的性质为中外合资，从此风险投资开始在我国的经济市场中发挥重要作用。1993年和1996年，国家分别颁布《中华人民共和国科学技术进步法》和《中华人民共和国促进科技成果转化法》，从法律上为科技金融的融合发展和科技金融结合的实践探索提供了保障。这一阶段，除了科技财税政策，科技金融的主要形式是信贷市场的科技贷款和财政贷款贴息。工商银行等五大国有银行累计发放科技贷款700多亿元，并支持了近7万个科技开发项目（房汉廷，2015），众多高科技企业（如联想、海尔、华为、远大、同方等）的技术资本化、产业规模化都受益于这一阶段的科技金融支持。同时，风险投资作为科技金融工作探索的方式之一，也在这一阶段开始发展。这一时期的科技创新主体也更加具有活力，科技金融的改革促使科技研发主体注重科技研发的市场化和高技术产品的产业化，这为科技金融的稳健发展奠定了基础。

4.1.3　多元发展期（1997—2005年）

1997年和2003年我国先后发行两期捆绑式国家高新区企业债券，同时国家开发银行等金融机构全面介入高新区建设，开始对创业投资机构发放软贷款，有力地推动了高新区的建设及区内企业创新发展（房汉廷，2010）。1999年，我国在国家层面设立了中小型科技企业技术创新基金，来推动科技成果转化和产业化，国家科技政策开始从单纯的“技术至上”向“技术资本化”过渡。1999年，国家出台了有关建立风险投资机制的政策，国内风险投资事业开始迅速发展，这对促进科技型、创新型中小企业创新发展发挥了重要作用。2004年，中小企业板在深交所设立，资本市场体系建设取得重要突破，有力推动了中小企业和高科技企业的发展。这一阶段，科技金融实践探索的模式呈现多元化，市场主体推进科技金融发展的意愿逐渐增强（徐玉莲等，2017），信贷市场的科技贷款、政策层面的开发性金融和财政科技投入、资本市场的企业债券和风险投资等，以多头并进的方式有力促进了科技和经济的发展（李华军，2019）。

4.1.4 快速协调发展期（2006—2013年）

2006年，我国颁布《国家中长期科学和技术发展规划纲要（2006—2020年）》，提出建设创新型国家、提高我国的自主创新能力等战略目标，同时提出，我国要发展科技银行、科技担保、科技保险以及创业资本等新型科技金融工具。随后我国出台了一系列的配套政策，配套政策细则中有将近1/4属于科技金融范畴，各地方政府出台的政策文件中有近1/3属于科技金融范畴（房汉廷，2015）。2010年12月，科技部、中国人民银行等五部委出台《关于印发促进科技和金融结合试点实施方案的通知》，从创新财政科技投入方式、加强银行业金融机构信贷支持、建设多层次资本市场、完善科技保险服务、建设科技金融合作平台和科技企业信用体系以及开展多种科技金融专项活动七大方面提出了试点实施内容，确定16个地区为首批试点范围。随后，科技部联合“一行三会”启动了试点工作，在中关村国家自主创新示范区等16个地区密集展开探索。《促进科技和金融结合试点实施方案》为我国科技金融的发展提供了法制化和规范化的政策依据。同时，商业银行推出知识产权抵押业务，拓宽了科技型企业的融资渠道。这些创新的形式和模式都对科技的创新及多层次资本市场的形成起到了促进作用。2011年11月，科技部、财政部等八部委出台《关于促进科技和金融结合加快实施自主创新战略的若干意见》（国科发财〔2011〕540号），充分强调了科技金融对提高自主创新能力和建设创新型国家的重要作用，并在试点方案基础上对科技金融结合的重点内容、协调机制和保障机制作了进一步明确规划。这一阶段是政府引导的优化发展阶段，科技金融发展的环境不断优化，科技金融的发展空前活跃（张明喜等，2019），科技金融在政策体系及工作机制、科技金融服务产品及工具、科技金融平台等方面取得了重要成效。如财政科技投入方式和结构不断优化，撬动社会资本的引导基金、母基金模式出现；信贷担保方面呈现风险补偿基金、贷款贴息、知识产权质押贷款、科技支行、科技小贷、科技保险等多样化结构；资本市场推出了中关村股权代办交易系统、创业板市场等；各种形式的科技金融服务集团、科技金融服务中心等平台不断建立。

4.1.5　不断融合期（2014—2019 年）

这一阶段，在《中共中央关于全面深化改革若干重大问题的决定》系统部署下，在创新驱动战略和供给侧结构性改革深入推进下，经济、财政、金融、科技等领域改革不断深入，我国从国家层面定下产业链、创新链和资金链“三链”融合发展的基调，金融与科技、产业的融合发展迎来新局面。随着《国务院关于扶持小型微型企业健康发展的意见》（国发〔2014〕52 号）、《国务院办公厅关于多措并举降低企业融资成本的指导意见》（国办发〔2014〕39 号）、《关于大力推进体制机制创新扎实做好科技金融服务的意见》（银发〔2014〕9 号）、《中国银监会关于完善和创新小微企业贷款服务提高小微企业金融服务水平的通知》（银监发〔2014〕36 号）、《关于支持银行业金融机构加大创新力度开展科创企业投贷联动试点的指导意见》（银监发〔2016〕14 号）、《中共中央、国务院关于服务实体经济防控金融风险深化金融改革的若干意见》（中发〔2017〕23 号）、《国务院办公厅关于规范发展区域性股权市场的通知》（国办发〔2017〕11 号）等系列政策的实施，科技金融在工作机制、政策体系、工作手段等方面得到了进一步的发展和完善，取得了新的突破。主要表现在以下四个方面：一是科技金融体系作为创新体系建设的重要内容，上升到国家创新驱动战略层面，从业务探索、政策分散、部门协调走向顶层设计和联动发展；二是受益于“互联网+”和大数据发展基础，科技金融获得了进一步创新发展的技术支撑和风险防范保障；三是借助快速发展的互联网金融和金融科技，科技金融工具和产品的更新迭代和创新也不断加速；四是在地方政府开展科技金融实践探索支持创新驱动发展的过程中，逐渐形成了金融、科技和产业（简称“金科产”）深度融合、协同发展的态势，进而发展成为“金科产城”融合发展的区域创新经济新范式。如北京中关村、上海张江科技园、深圳南山、佛山南海、杭州、武汉等地区以高新区或行政区域为边界，在科技金融的推动下，金融、科技、产业和城市实现了互动发展。在国家宏观政策调控和引导下，相对于前四个阶段科技金融发展的政策驱动型、财政投入型特征，这一阶段的市场化驱动、社会资本驱动发展步伐明显加快。政府主体、市场主体以及其他各相关主体加强协作，科技成果转化、科技金融创新等上升到新高度（徐玉莲等，2017）。一是以商业银行为代表的金融机构参与的深度和宽度不断拓展，科技银行及其科技贷款规模及品种、科技金融服务平台及运作模式等都有了突破性的进展（如 2016 年 6 月中国建设银行总行级的科技金融创新中心在广州成立；2016 年 12 月全国首家专注服务科技创新的民营银行——北京中关村银行获批成立），投贷联动运作模式也在政策设计和实践层面取得了双重突破。二是以全国中小企业股份转让系统（原新三板扩容到全国范围）和区域性股权交易市场（新设新四板、前海股权交易中心）为代表，多层次资本市场建设得到进一步完善。

结合以上五个阶段的科技金融发展特点，本书将科技金融发展模式归纳为不断演化升级的三种模式或趋势：第一，科技金融 1.0 模式，主要为前三个发展阶段，科技金融处于科技与金融结合的状态，金融对于科技的支持作用突出，而科技对金融的作用尚未充分发挥；第二，科技金融 2.0 模式，主要为第四和第五发展阶段，科技金融处于科技与金融交互作用、逐步深度融合的状态；第三，科技金融 3.0 模式或趋势，体现为第五个阶段后期在少数地区出现的“金科产”或“金科产城”等多维度深度融合、协同集聚发展趋势，并呈现出一定形态的经济范式（李华军，2019）。

4.2　我国科技金融发展现状

科技的发展越来越受到重视，支撑科技发展的金融业的发展状况也备受关注。本书选取了 2007—2016 年 R&D 人员全时当量、R&D 经费来源中其他资金和高技术产业 R&D 经费投入三项指标来分析我国科技发展过程中的金融投入情况。同时，为了进一步研究金融投入带来的科技产出，全方位考察科技金融的发展情况，本书选取了国内有效专利数、技术市场合同成交额和高技术产业主营业务收入三项指标来进行分析。

4.2.1　科技金融投入现状

为支持科技发展，推动科技创新成果的产出，我国在 2007—2016 年不断加大科技金融支持力度，各指标数据见表 4-1。

表 4-1　2007—2016 年我国科技金融投入情况

年份	R&D 人员全时当量（万人/年）	R&D 经费来源中其他资金（亿元）	高技术产业 R&D 经费投入（亿元）
2007	174	136	545
2008	197	158	655
2009	229	203	774
2010	255	211	968
2011	288	267	1238
2012	325	352	1492
2013	353	403	1734
2014	371	456	1922
2015	376	463	2220
2016	388	509	2438

资料来源：2008—2017 年《中国科技统计年鉴》。

R&D 人员全时当量反映了我国科技发展过程中的人员投入情况。从图 4-1可以看出，2007—2016 年，我国在 R&D 人员投入方面呈持续增长的态势，且增长幅度较为平稳。2016 年，我国 R&D 人员全时当量为 388 万人/年，与上一年相比增长了 3.19%，与 2007 年相比累计增长了 122.99%，平均年增长率为 8.38%，增长速度较为适中。其中，增长速度最快的一年为 2009 年，增长率为 16.24%；增长速度最慢的一年为 2015 年，增长率为 1.35%。

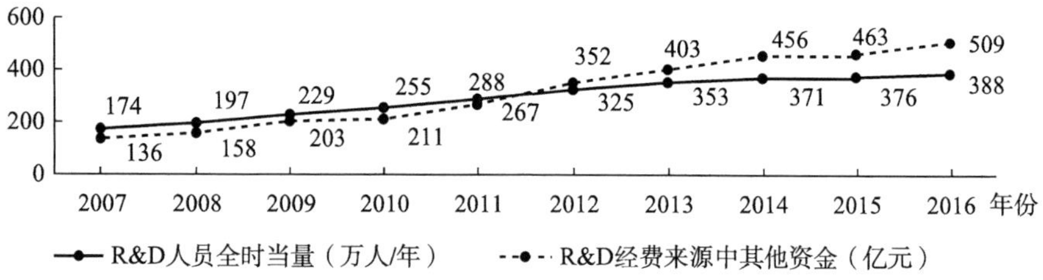

图 4-1　2007—2016 年我国 R&D 情况

R&D 经费反映了我国各主体部门对科技研发活动的支持情况，其中，其他资金反映的是金融机构的科技贷款和资本市场融资情况。从图 4-1 可以看出，2007—2016 年，我国 R&D 经费来源中其他资金的投入整体呈增长的趋势，相对于 R&D 人员投入，增长幅度较大，且略有波动。2016 年，我国 R&D 经费来源中其他资金为 509 亿元，与上一年相比增长了 9.93%，与 2007 年相比累计增长了 274.26%，平均年增长率为 14.1%，增长速度较快。其中，增长速度最快的一年为 2012 年，增长率为 31.84%；增长速度最慢的一年为 2015 年，增长率为 1.54%。

高技术产业是科技发展的核心，高技术产业发展状况直接反映了地区科技发展水平，支持高技术产业发展等同于支持科技发展，因此对高技术产业的 R&D 经费投入体现了国家对科技的支持力度。从图 4-2 可以看出，2007—2016 年全国高技术产业 R&D 经费投入呈持续增长的趋势，且增长幅度较为平稳。2016 年，我国高技术产业 R&D 经费投入资金为 2438 亿元，与上一年相比增长了 9.82%，与 2007 年相比累计增长了 347.34%，平均年增长率为 16.16%，增长速度较快。其中，增长速度最快的一年为

2011 年，增长率为 27.89%；而 2016 年是十年间增长速度最慢的一年。

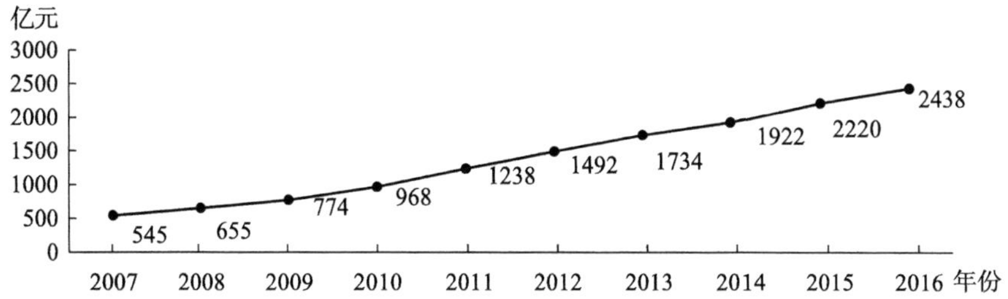

图 4-2　2007—2016 年全国高技术产业 R&D 经费投入情况

4.2.2　科技金融产出现状

2007—2016 年我国各类科技成果不断涌现，无论是科技成果产出数量还是科技成果转化都取得了巨大的进步，见表 4-2。

表 4-2　2007—2016 年我国科技金融产出情况

年份	国内有效专利数（件）	技术市场合同成交额（亿元）	高技术产业主营业务收入（亿元）
2007	622409	2227	49714
2008	923797	2665	55729
2009	1193110	3039	59567
2010	1825403	3629	74483
2011	2303015	4764	87527
2012	3005023	6437	102284
2013	3635929	7469	116049
2014	4032362	8577	127368
2015	4792356	9836	139969
2016	5527183	11407	153796

资料来源：2008—2017 年《中国科技统计年鉴》。

技术领域独特的创新成果需要专利进行保护，当某个专利申请被授权后，如果处于有效状态，就被称为有效专利，国内有效专利数量的多少体现了我国科技创新程度。从图 4-3 可以看出，2007—2016 年我国国内有效专利数呈持续增长的趋势，增长幅度较为平稳且上升趋势明显。2016 年，我国国内有效专利数为5527183件，与上一年相比增长了15.33%，与2007年相比累计增长了788.03%，平均年增长率为24.41%，增长速度较快。其中，增长速度最快的一年为2010年，增长率为53.00%；增长速度最慢的一年为2014年，增长率为10.90%。

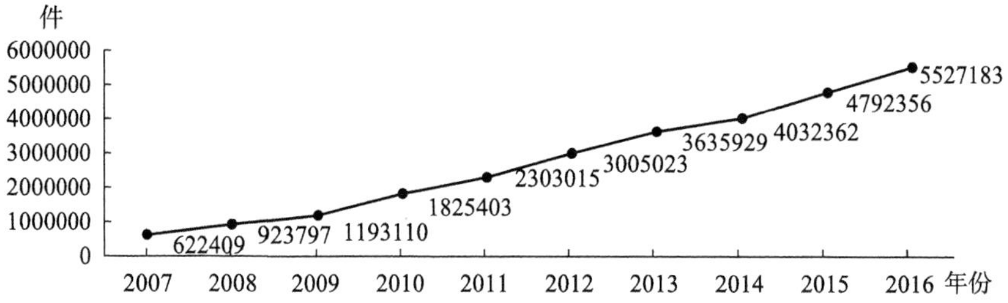

图4-3　2007—2016年我国国内有效专利数

科技成果在市场中的交易情况可通过技术市场合同成交额这一指标来反映，该指标是在合同成交额中扣除非技术性费用，如设备、仪器和原材料等费用后剩余的技术交易金额，它反映了我国技术市场的发展情况。从图4-4可以看出，2007—2016年我国技术市场合同成交额逐年增加，增长幅度较为平稳且上升趋势明显，但与国内有效专利数增长幅度相比略低。2016年，我国技术市场合同成交额为11407亿元，与上一年相比增长了15.97%，与2007年相比累计增长了412.21%，平均年增长率为17.75%，增长速度较快。其中，增长速度最快的一年为2012年，增长率为35.12%；增长速度最慢的一年为2009年，增长率为14.03%。

高技术产业相比一般科技企业来说在产品设计、技术、构成和工艺方面都较为高端，其在生产过程中投入了高技术研发人员和先进生产设备，提高了产品的科技含量。高技术产业的发展程度体现了我国科技成果转化和应用程度，可以通过高技术产业的主营业务收入来反映。从图4-5可以看出，2007—2016年我国高技术产业主营业务收入与前两项指标一样，也呈现逐年增长的趋势，但增长幅度要比前两项指标略低。2016年，我国高技术产业主营业务收入为153796亿元，与上一年相比增长了9.88%，与

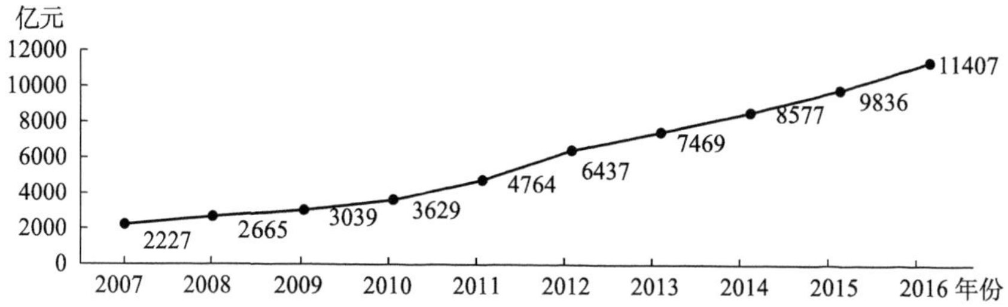

图 4-4　2007—2016 年我国技术市场合同成交额

2007 年相比累计增长了 209.36%，平均年增长率为 11.96%，增长速度较快。其中，增长速度最快的一年为 2010 年，增长率为 25.04%；增长速度最慢的一年为 2014 年，增长率为 9.75%。

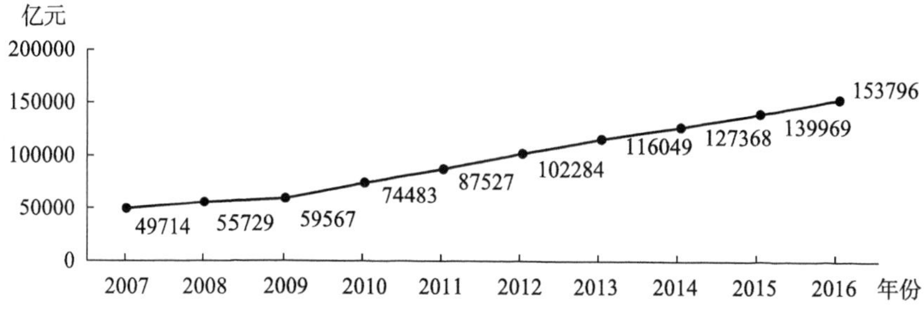

图 4-5　2007—2016 年我国高技术产业主营业务收入

4.3　河南省科技金融发展的历程与现状

4.3.1　河南省科技金融发展的历程

第一阶段，计划经济主导下的科技金融。

改革开放后，河南省针对高科技的投入对其经济发展和社会生产产生了深远的影响。这一阶段，科技金融发展所需的经费主要由省财政统一拨付，财政部门直接对接相关的科研机构和部门。统一拨付在一定程度上缓解了科研经费紧张的问题，但也存在资源配置低效的问题，造成了资源浪费与科技成果转化效率较低。

第二阶段，市场经济体制下的科技金融。

1992 年，河南省积极贯彻党中央关于确立社会主义市场经济体制的相关精神，并积极鼓励商业性质的银行等金融机构参与到科技金融领域，开展高科技信贷服务。同时，河南省着手建立风险投资基金公司，进一步拓宽高科技研发资金来源，不断丰富高科技投入供给体系。商业银行与风险投资机构在高科技投资领域占有了一定的比例，河南省科技创新领域发展活力增强，促进了高技术产业的市场化与产业化，进而带动了科技金融的进一步发展。

第三阶段，快速协调发展的科技金融。

2006 年，《国家中长期科学和技术发展规划纲要（2006—2020 年）》发布。2011 年，国家出台《促进科技和金融结合试点实施方案》，进一步保证了科技金融发展的法制化与规范化。河南省积极推动商业银行发挥其在科技金融体系构建中的作用，优化知识产权贷款抵押办法，推动创业板成为中小型高科技企业筹措研发资金的重要渠道。快速发展的新型科技金融体系，促进了河南省高技术领域多层次资本市场的形成。

4.3.2 河南省科技金融发展的现状

4.3.2.1 河南省科技金融的投入现状

21 世纪，科学技术成为推动经济和社会发展的主要动力，金融成为支撑科技发展的资金来源，二者结合对于推动地区及国家经济发展有较强的现实意义。特别是近几年，国家创新战略进入加快实施阶段，这使科技金融发展所需资金规模持续增加。河南省积极响应国家政策，连续多年采取有效措施来扩大相关投入。

（1）科技金融保障性政策进一步完善

河南省结合本地科技金融发展现状制定出台了多个政策文件，以鼓励科技和金融的合作。如 2009 年设立科技成果转化风险补偿专项资金；2012 年和 2013 年分别设立了推动科技企业孵化的“种子基金”、推动自然科学及前瞻性科技发展的基金（李雅莉，2016）。为充分吸引及鼓励社会资金流入科技领域，拓宽科技金融融资渠道，形成多元资金投入模式，2014 年，河南省制定了《河南省人民政府关于创新机制全方位加大科技创新投入的若干意见》，在该意见的指导下，河南省鼓励引入社会资本，并借助基金等模式，为中小型科技企业发展提供资金支持；2016 年 7 月，河南省发布了《河南省财政厅河南省科学技术厅关于印发〈河南省科技金融引导资金专项管理办法（试行）〉的通知》，该文件中明确指出要设立科技担保风险补偿基金，当各类金融机构为科技企业所提供的贷款等出现损失时，政府会根据相关约定承担部分风险（王黎春，2016）。同时，河南省鼓励保险机构与中小科技企业合作推出专门的科技保险业务，以此来降低金融机构或担保机构所面临的风险，最终形成风险共担的机制，以此增强金融及担保机构为中小企业发展提供融资及担保的意愿。河南省还明确提出，各市及国家级高新区要成立专门的科技担保公司，且与科技类融资相关的担保业务应在其总担保业务规模中的占比超过一半，担保应以服务为宗旨而不是以盈利为目的。河南省鼓励有意愿及有条件的保险公司成立以服务中小型科技企业为核心的专门部门，推出专门的保险产品。

（2）财政科技拨款逐年增加

2010—2016 年，河南省财政科技拨款逐年增加，从表 4-3 可知，河南省财政科技拨款从 2010 年的 44.67 亿元增加到 2016 年的 96.10 亿元，增长率为 115.13%，但增长幅度表现不一，存在波动（见图 4-6）。2011 年河南省财政科技拨款增幅为 26.7%，之后开始逐年下降，到 2014 年增幅仅有 1.6%，2015 年出现拐点，但增长幅度不大，2016 年开始大幅度提高，增长幅度达到 15.4%。2016 年河南省财政科技拨款占财政总支出的比重为 1.29%，比全国平均水平低 2.84 个百分点。

表 4-3　2010—2016 年河南省财政科技拨款情况

指标	2010 年	2011 年	2012 年	2013 年	2014 年	2015 年	2016 年
财政科技拨款（亿元）	44.67	56.59	69.64	80.00	81.25	83.25	96.10
比上年增长（%）	25.8	26.7	23.1	14.9	1.6	2.5	15.4
财政科技拨款占财政总支出的比重（%）	1.31	1.33	1.39	1.43	1.35	1.22	1.29
全国财政科技拨款占财政总支出的比重（%）	4.58	4.49	4.45	4.41	4.25	3.98	4.13

资料来源：2011—2017 年《河南统计年鉴》、国家统计局网站。

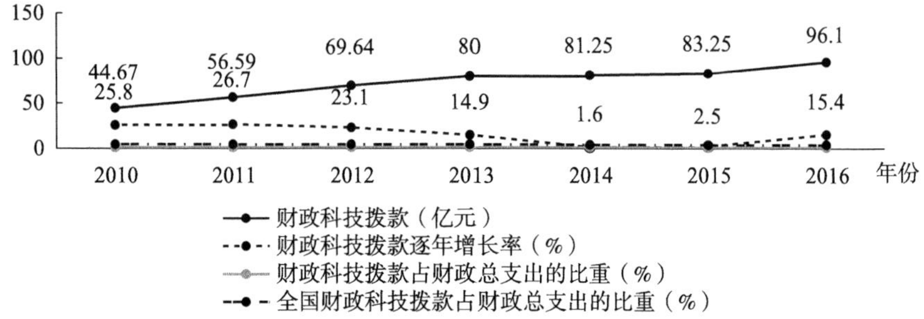

图 4-6　河南省财政科技拨款情况

根据以上数据可知，河南省政府虽然不断加大财政科技经费投入总量，但科技经费投入强度并没有显著变化，保持在 1.3%左右，与全国平均水平相比还较低。随着科技金融环境的不断改善和国家战略目标的部署，河南省政府还应继续加强对科技的重视，加大科技财政投入力度。

从河南省各地市财政科技拨款情况来看，2010—2016 年河南省 18 个地市的财政科技拨款均呈总体上升趋势，2010—2016 年各地市的财政科技拨款均值（见表 4-4）最多的为郑州市，平均每年财政科技拨款约为 15.18 亿元，占全省财政科技拨款总量的 25%（见图 4-7），这体现了郑州市作为省会城市，政府等相关部门在经济发展和科技进步中的主导作用。其次为洛阳市，平均每年财政科技拨款约为 7.20 亿元，占全省财政科技拨款总量的 12%。全省财政科技拨款量最少的三个城市为济源、漯河和鹤壁，平均每年财政科技拨款分别为 0.61 亿元、0.84 亿元、0.86 亿元，三个城市财政科技拨款量均仅占全省财政科技拨款量的近 1%，这与各地市的经济发展和对科技的重视程度密切相关。经济与科技在发展中存在交互作用，经济的发展离不开科技的推动，各地市要想加快经济发展速度，必须加大科技投入与研发力度。

表 4-4　2010—2016 年河南省各地市财政科技拨款情况

单位：亿元

地区	2010 年	2011 年	2012 年	2013 年	2014 年	2015 年	2016 年	均值	年均增长率（%）
郑州	9.50	10.16	15.27	17.26	14.49	17.86	21.72	15.18	14.78
开封	1.22	1.52	1.86	2.21	2.43	2.54	3.03	2.12	16.37
洛阳	3.31	5.96	6.91	7.53	8.47	8.89	9.33	7.20	18.85
平顶山	1.64	2.23	2.48	2.66	2.81	2.20	3.04	2.44	10.83
安阳	2.47	3.33	3.60	4.12	4.19	3.86	4.19	3.68	9.21
鹤壁	0.51	0.65	0.70	0.87	1.01	1.02	1.27	0.86	16.42
新乡	2.60	2.54	2.95	3.64	4.00	3.18	5.11	3.43	11.92
焦作	2.81	3.26	3.28	3.83	4.13	3.51	3.17	3.43	2.03
濮阳	1.09	1.43	1.84	2.20	2.32	2.13	2.30	1.90	13.25
许昌	1.30	1.64	2.10	2.89	4.19	2.79	2.83	2.53	13.84
漯河	0.45	0.57	0.60	0.94	1.12	0.90	1.32	0.84	19.64
三门峡	1.63	1.92	2.24	2.56	2.87	1.89	2.08	2.17	4.15
南阳	3.53	4.31	5.19	6.14	6.42	6.17	7.07	5.55	12.27
商丘	1.24	1.58	1.87	2.01	2.28	1.93	1.94	1.84	7.74
信阳	1.16	1.41	1.83	1.77	2.02	2.00	2.12	1.76	10.57
周口	1.38	1.52	2.63	3.05	2.78	2.70	2.60	2.38	11.13
驻马店	1.80	2.14	2.80	3.33	3.59	3.30	4.21	3.02	15.21
济源	0.34	0.39	0.44	0.81	0.83	0.62	0.81	0.61	15.57

资料来源：2011—2017 年《河南统计年鉴》。

从年均增长率来看，虽然郑州每年的财政科技拨款总量最多，但年均增长率并不是最高的，为 14.78%，排在全省第 7 位（见图 4-8）。年均增长率最高的为漯河市，财政科技拨款年均增长率达到 19.64%，这说明漯河市政府在财政科技拨款总量不高的情况下，开始逐步加强对科技的重视。财政科技拨款年均增长率排在第 2 位的是洛阳市，年均增长率为

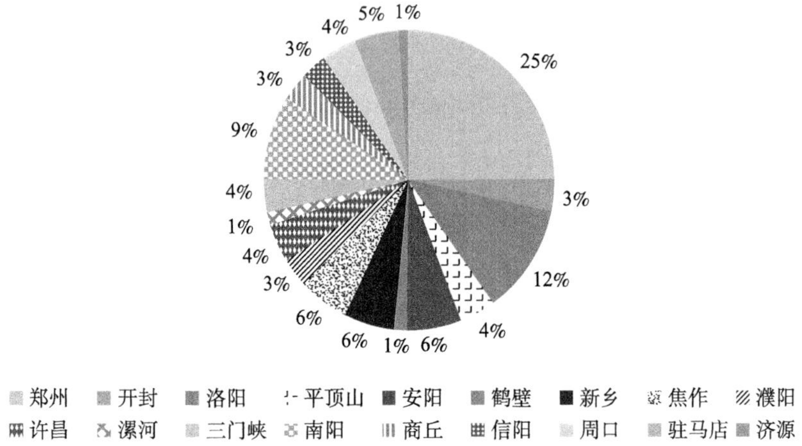

图 4-7　2010—2016 年河南省各地市平均财政科技拨款占比

18.85%。年均增长率最低的是焦作市，为 2.03%，这一数据说明焦作市在财政科技拨款总量并不存在明显优势的情况下，却放慢了财政科技拨款增长速度，这会对科技的发展产生不利影响，政府等相关部门对此应提高警惕，密切关注科技金融发展动态，防止科技发展中出现融资缺口问题。

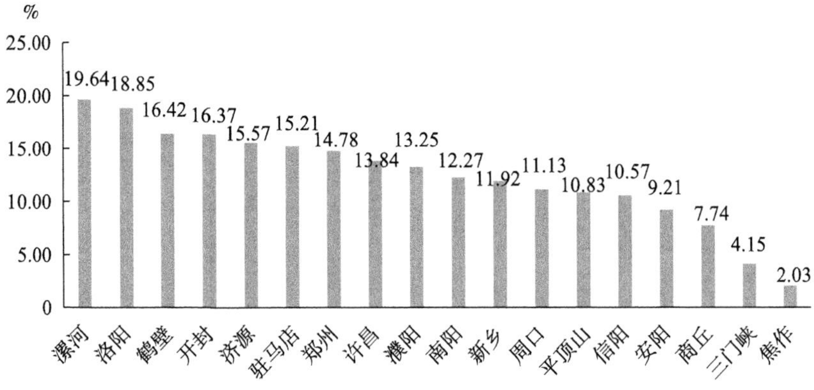

图 4-8　2010—2016 年河南省各地市财政科技拨款年均增长率

（3）R&D 经费支出总量持续增长

近年来，河南省高度重视科技创新发展，积极部署与之相关的战略，以商业银行为代表的金融机构不断增加对科技领域的投融资规模。具体来看，2010—2016年河南省R&D投入规模整体呈现持续上升态势，2016年投资数额达到494.2亿元，较2010年的211.4亿元增长了133.77%。与此同时，R&D经费在河南省GDP中所占的比例也不断扩大，2016年增长至1.25%，较2010年提高了0.34个百分点。但与全国R&D经费投入强度相比，还存在一定的差距，2016年河南省R&D经费投入强度低于全国平均水平0.86个百分点（见表4-5）。

表4-5 2010—2016年河南省R&D经费内部支出

年份	2010	2011	2012	2013	2014	2015	2016
R&D经费（亿元）	211.4	264.5	310.8	355.3	400.0	435	494.2
R&D经费占GDP的比重（%）	0.91	0.98	1.00	1.13	1.16	1.19	1.25
全国R&D经费占GDP的比重（%）	1.76	1.84	1.97	2.08	2.09	2.07	2.11

资料来源：2011—2017年《河南统计年鉴》、国家统计局网站。

从河南省各地市R&D经费内部支出情况来看，2010—2016年河南省18个地市的R&D经费内部支出整体呈上升趋势（见表4-6），说明各地市企业及科研机构等部门在逐年加大科技研发投入力度。但鹤壁市的R&D经费投入不稳定，2012年鹤壁市R&D经费内部支出为1.3亿元，与2011年的2.1亿元相比较降低了38.1%，是7年间R&D经费内部支出额最低的一年，2013年后R&D经费内部支出开始逐年增加。从平均值来看，河南省18个地市的年均R&D经费内部支出额最高的为郑州市，达到95.20亿元，占全省R&D经费支出总量的27%（见图4-9）。其次为洛阳市，年均R&D经费内部支出为50.87亿元，占全省R&D经费支出总量的14%。R&D经费支出最少的城市为鹤壁市，年均R&D经费支出为2.40亿元，占全省R&D经费支出的1%。鹤壁市应积极调整政策，出台完善的科技金融保障性措施，加强金融机构科技贷款风险担保机制的建设，优化科技金融发展环境，努力实现科技金融资源的优化配置。

表 4-6　2010—2016 年河南省各地市 R&D 经费内部支出情况

单位：亿元

地区	2010 年	2011 年	2012 年	2013 年	2014 年	2015 年	2016 年	均值	年均增长率（%）
郑州	54.0	72.8	80.7	94.8	105.4	116.7	142.0	95.20	17.49
开封	7.2	10.5	13.6	16.4	19.1	17.9	19.0	14.81	17.55
洛阳	36.4	39.1	49.4	49.9	53.0	61.0	67.3	50.87	10.79
平顶山	14.8	16.6	18.5	21.6	24.3	23.7	25.3	20.69	9.35
安阳	6.9	11.4	12.0	14.8	17.3	15.8	17.5	13.67	16.78
鹤壁	2.0	2.1	1.3	1.6	2.9	3.2	3.7	2.40	10.80
新乡	18.6	23.6	30.8	33.9	37.5	39.6	42.5	32.36	14.77
焦作	12.0	14.8	16.6	20.9	24.3	27.5	30.9	21.00	17.07
濮阳	5.6	6.7	7.7	9.6	10.6	12.2	13.6	9.43	15.94
许昌	15.8	20.3	25.1	28.9	33.3	36.0	41.5	28.70	17.46
漯河	3.8	4.9	4.9	5.1	6.1	7.7	8.8	5.90	15.02
三门峡	4.7	4.7	5.7	6.6	7.5	7.5	8.3	6.43	9.94
南阳	13.0	15.4	18.8	21.2	24.5	27.2	29.4	21.36	14.57
商丘	3.9	5.1	6.8	7.7	8.9	9.8	11.4	7.66	19.57
信阳	1.1	3.1	3.5	4.6	5.6	6.3	7.1	4.47	36.45
周口	3.2	4.1	3.9	4.7	5.5	6.8	7.8	5.14	16.01
驻马店	3.5	3.4	4.0	5.0	5.9	7.1	8.0	5.27	14.77
济源	4.6	5.7	7.0	8.2	8.5	9.0	10.2	7.60	14.19

资料来源：2011—2017 年《河南统计年鉴》。

从年均增长率来看，R&D 经费内部支出年均增长速度最快的为信阳市，增长率为 36.45%（见图 4-10），而信阳的 R&D 经费年均支出总量并不高，为 4.47 亿元，这一结果得益于政府等相关部门出台的科技金融发展引导和保障性政策，各科技企业能够较为容易地从金融机构、创业风险投资等部门获得科技资金支持，在各种优惠政策的鼓励下，企业能够不断扩大研究与试验发展领域，从而创造出更多的科技产品。

R&D 经费内部支出年均增长速度排在第 2 位的是商丘市，年均增长率为 19.57%；年均增长率最低的是平顶山市，为 9.35%。这说明各地市在科技发展中的金融投入存在较大的空间差异。各地市在逐步完善科技金融

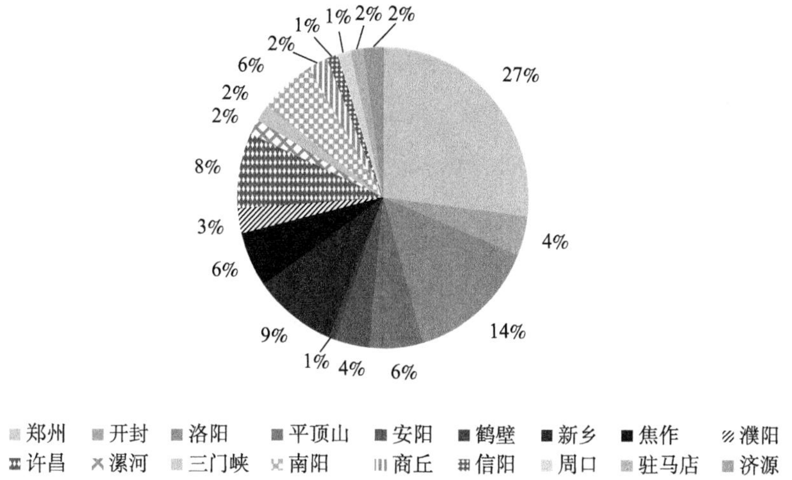

图4-9 2010—2016年河南省各地市年均R&D经费支出占比

发展政策的同时，应加强监管机制的建立，使各项政策能够真正得以落实，科技厅等相关部门应建立科技金融发展资源共享平台，弥补各地市科技发展中存在的短板，实现各地市科技与金融的协同发展。

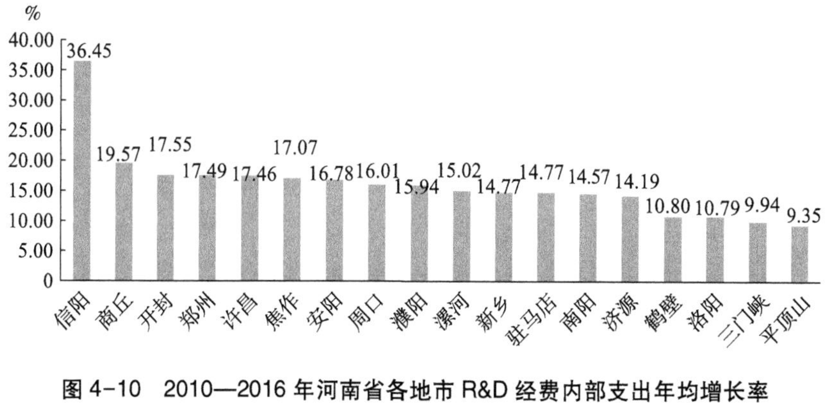

图4-10 2010—2016年河南省各地市R&D经费内部支出年均增长率

（4）科技风险投资逐步兴起

与其他投资相比，科技创新投资不仅面临较高风险，而且投入周期较长，这使以财政投入和以银行信贷等为主的传统融资渠道难以满足科技企业的实际发展需求。风险投资更加偏好高回报率的投资项目，而这恰恰与高技术产业的发展特点相契合（寸晓宏，2000），因此，可以鼓励风险投资加大对科技企业的投资（程昆等，2006），在拓宽科技创新融资渠道的同时更好地推动科技产业的发展。

河南省专门设立了省级科技风险投资资金，而且在运营过程中不断探索更加适应科技企业的风险投资模式。河南省还出台了相关税收优惠政策，鼓励科技企业在运营过程中采取有限合伙、股权激励等方式，通过经营模式创新推动企业的创新发展，引导更多社会资本及优质资源向科技创新领域聚集，还应充分发挥优质企业的吸引力及集聚效应，吸引更多投资主体加大对当地科技企业的投资力度。《中国创业风险投资发展报告》显示，截至 2015 年，河南省有 16 家创业风险投资机构，比上一年增长 14.29%，创投基金公司数量也增至 16 家，但创投管理机构整体较为匮乏（见表 4-7）。

表 4-7　河南省创业风险投资机构数量

单位：家

年份	创投机构总量	创投基金	创投管理机构
2014	14	14	0
2015	16	16	0

资料来源：《中国创业风险投资发展报告（2016）》。

河南省创业风险投资机构资本管理规模近一半在 2 亿~5 亿元，资本管理规模在 5 亿元以上的创业投资机构存在空白（见表 4-8），创业风险投资市场规模需进一步扩大。

表 4-8　2015 年河南省创业风险投资机构资本管理规模

规模	5000 万元以下	5000 万~1 亿元	1 亿~2 亿元	2 亿~5 亿元	5 亿元以上
占比（%）	15.4	15.4	23.1	46.2	0.0

资料来源：《中国创业风险投资发展报告（2016）》。

（5）新三板资本市场发展迅速

河南省采取积极措施推动证券市场持续发展，并为许多条件较好且未来成长性较强的高科技企业提供更多进入资本市场的机会。2010—2017年，河南省资本市场规模持续扩大，登陆新三板资本市场的企业数量不断增加，这为当地发展科技金融奠定了有力基础。截至2017年底，河南省在深、沪两市上市的企业数量达到78家，股转系统挂牌公司378家（见图4-11）。

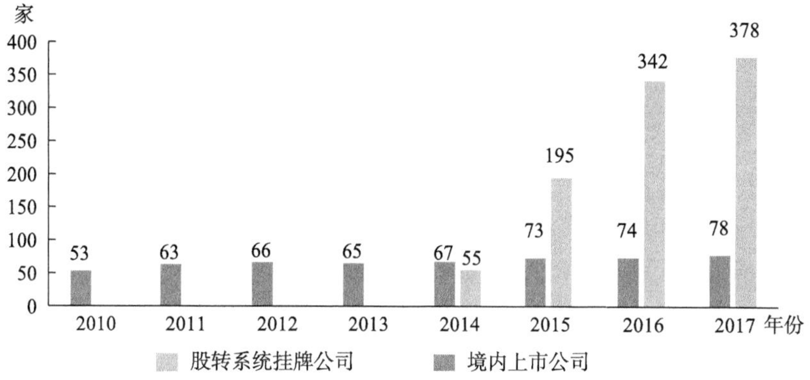

图4-11　2010—2017年河南省证券市场的发展

资料来源：中国证券监督管理委员会河南监管局。

随着股份转让试点范围的不断扩大，科技金融也迎来了新的发展机遇。新三板市场中活跃的企业多为中小型科技企业，与传统企业相比，该类企业的技术创新能力相对较强，并且具有产业化发展潜力（金荣学等，2014），随着科技企业数量的增加和规模的壮大，其将成为推动区域及国家经济快速发展的新动力（孙伍琴等，2009）。近年来，河南省不断鼓励有条件、有意愿的中小型科技企业及国家高新区登陆新三板市场，积极引导中小型科技企业进行改制，实现融资渠道的资本化。

截至2017年末，河南省新三板挂牌公司数量全国排名第9，占全国挂牌公司总数的3.25%，比上一年减少0.12个百分点。新三板挂牌公司数量占比超过10%的有3个省份（见表4-9）。河南省新三板市场虽然增速较快，但仍存在较大的发展空间。

表 4-9　新三板挂牌公司情况

省份	2017 年末		2016 年末	
	公司数（家）	占比（%）	公司数（家）	占比（%）
全国	11630	100	10163	100
广东	1878	16.15	1586	15.61
北京	1618	13.91	1477	14.53
江苏	1390	11.95	1246	12.26
浙江	1032	8.87	901	8.87
上海	989	8.50	890	8.76
山东	636	5.47	570	5.61
福建	405	3.48	332	3.27
湖北	404	3.47	348	3.42
河南	378	3.25	342	3.37

资料来源：全国中小企业股份转让系统 2017 年市场统计快报。

从股票发行额来看，2017 年河南省新三板市场股票发行次数为 87 次，发行额为 33.70 亿元，列全国第 11 位，比上一年增加 10.74 亿元（见表 4-10）。河南省新三板市场的发展还存在很大的提升空间，融资额的增加会为中小型科技企业发展注入了更多资本活力。

表 4-10　新三板股票发行情况

省份	2017 年		2016 年	
	金额（亿元）	次数（次）	金额（亿元）	次数（次）
全国	1336.25	2725	1390.89	2940
北京	276.10	419	343.06	511
广东	203.54	523	184.88	507
江苏	120.81	308	90.09	302
山东	105.15	139	46.32	156
上海	97.91	240	125.84	281
浙江	97.05	207	145.11	260
陕西	41.62	45	24.20	37
福建	39.47	95	27.89	107

续表

省份	2017 年		2016 年	
	金额（亿元）	次数（次）	金额（亿元）	次数（次）
湖南	36.14	45	19.79	47
湖北	33.87	86	22.85	86
河南	33.70	87	22.96	79

资料来源：全国中小企业股份转让系统 2017 年市场统计快报。

4.3.2.2　河南省科技金融的产出现状

（1）科技成果产量逐年增加

本书以河南省及其主要地市的有效发明专利数（见表 4-11）为考察对象，研究 2005—2016 年河南省科技金融产出状况及变化趋势（见图 4-12和图 4-13）。

表 4-11　河南省及其主要地市有效发明专利数

单位：件

年份	河南省有效发明专利数	郑州市有效发明专利数	开封市有效发明专利数	三门峡市有效发明专利数
2005	569	160	0	2
2006	1969	864	141	17
2007	2692	1277	197	18
2008	3396	1358	286	29
2009	4563	1516	270	35
2010	5359	1918	164	61
2011	7063	2960	119	86
2012	5133	1445	31	132
2013	6470	2115	89	90
2014	8497	2720	117	100
2015	11305	2978	189	207
2016	12615	5551	535	292

资料来源：2006—2017 年《河南统计年鉴》。

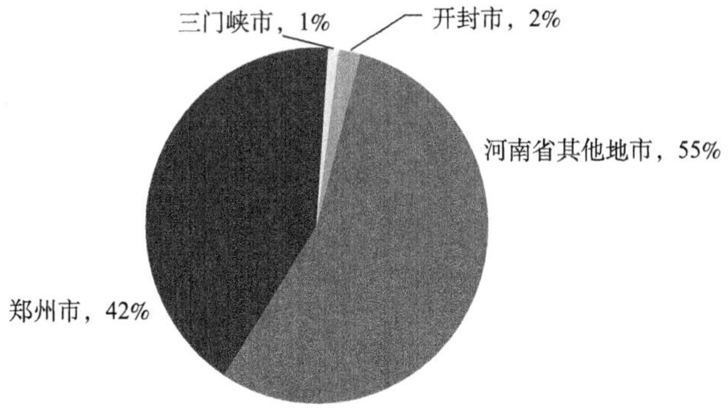

图 4-12　2011 年河南省有效专利分布图

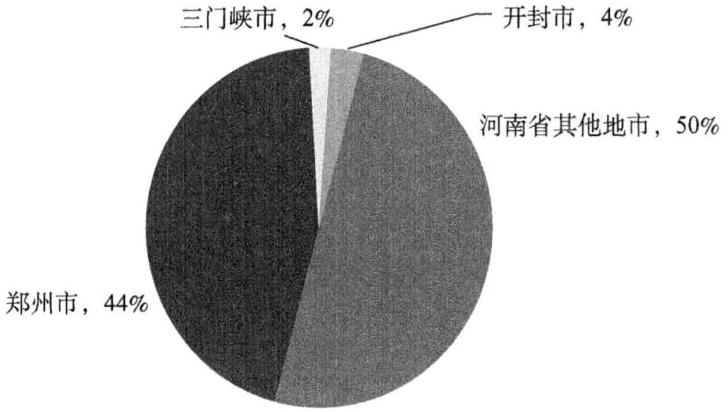

图 4-13　2016 年河南省有效专利分布图

2005—2016 年，河南省科技金融的有效发明专利数整体呈现上升趋势，2011 年、2016 年上升比较明显。河南省科技金融发展空间分布不均衡，郑州市有效发明专利数占据全河南有效发明专利数的一半，三门峡市的有效发明专利数较少。

各地市可以通过政策性指导和资金支持，为科技企业的创新提供充足的资金；建立地市之间的合作关系，互相学习、借鉴相关政策，实现资源共享，以达到促进科技研发成果数量提升的目的。近年来，河南省政府的各个部门通力合作，为大力发展创新创业工作不断做出努力，颁布实施了各项政策以促进科技的不断创新，出台《河南省人民政府关于创新机制全方位加大科技创新投入的若干意见》（豫政〔2014〕64 号）、《关于推进金融资本与科技创新相结合政策措施》（豫政办〔2016〕15 号）、《河南省科技金融“科技贷”业务实施方案》等促进科技金融发展的政策，并制定了河南省实施科技金融深度融合专项计划。2017 年以来，河南省全社会对社会科学技术研发投入比例逐年增高，大大超过全国平均值，其中创新创业平台建设、专利发明数量、知识产权申请注册数、中小型科技企业申请数量以及河南省区域创新能力在全国的排名逐年增高。

河南省科技成果产出量逐年增多，科技生产活动产出十分活跃。尤其是从 2017 年河南省出台《智汇郑州 1125 聚才计划》以来，河南省科技创新人才增多，科技产出加大。2017 年，河南省获得国家级自然科学奖 3 项、国家发明奖 4 项、国家技术发明奖项目名单（通用项目）2 项、国家科学进步奖 18 项。

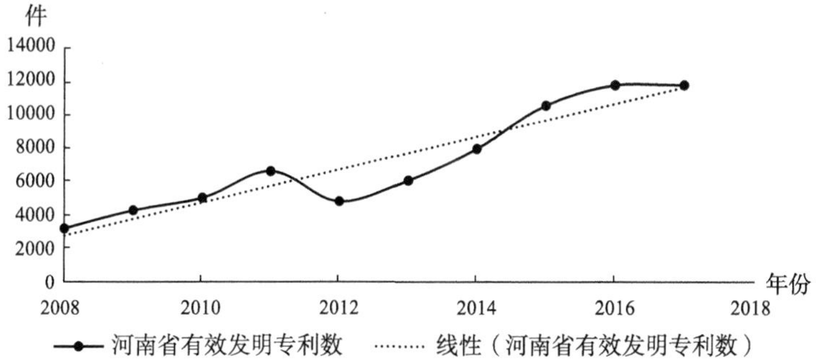

图 4-14　2008—2018 年河南省有效发明专利数

资料来源：2008—2018 年《河南统计年鉴》。

由图 4-14 可知，2008—2018 年，河南省有效发明专利数量明显呈递增趋势。总体来说，河南省科技金融活动的产出水平和科技成果申请专利都是递增的，但是从图中我们可以看出有效发明专利数在 2015 年后增幅放缓。

（2）科技成果转化率逐年上涨

河南省科技金融促进科技成果转化、促进全省经济转型升级的作用显著，对河南省经济发展有明显的带动作用。

科技成果转化是实现科技由技术转变为生产力的重要环节，它在促进科学技术创新、推动我国经济发展、优化资源配置等方面有着重要的作用，是技术创新的原动力。科技成果转化率代表了科技金融的产出状况，而在科技成果转化过程中最具指导导向的就是合同的成交金额。2017 年，河南省科技成果转化合同额共计 258 亿元，同比增长超过 50%。河南省科技成果转化合同额呈逐年上涨走势（见图 4-15），科技转化发展势头良好，科技金融对科技转化的促进作用较大。

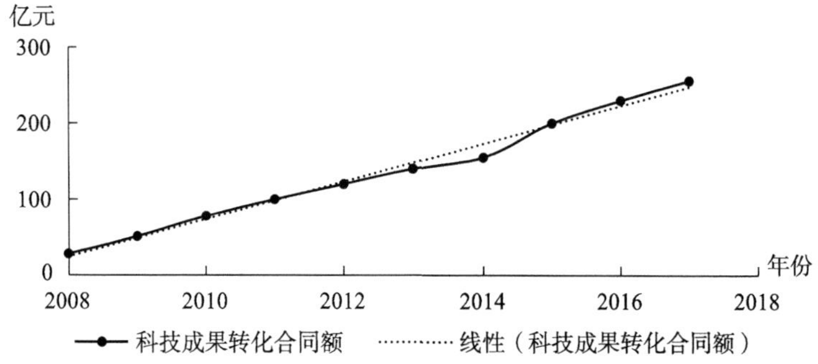

图 4-15　2008—2017 年河南省科技成果转化合同额

资料来源：2009—2018 年《河南统计年鉴》。

（3）科技成果产业化水平稳定提升

科技成果产业化是科技成果转为商品的过程，只有科技成果实现了产业化、市场化，才能真正地体现科技创新的价值，才能达到科技促进经济发展的目的。2008—2017 年河南省科技成果产业指数保持了稳定增长的态势（见图 4-16）。

从图 4-16 中可以得出，河南省科技成果转化为高技术产业的进程正在稳步推进。未来，高技术产业必将代替传统工农业成为促进河南省经济发展的新动力。

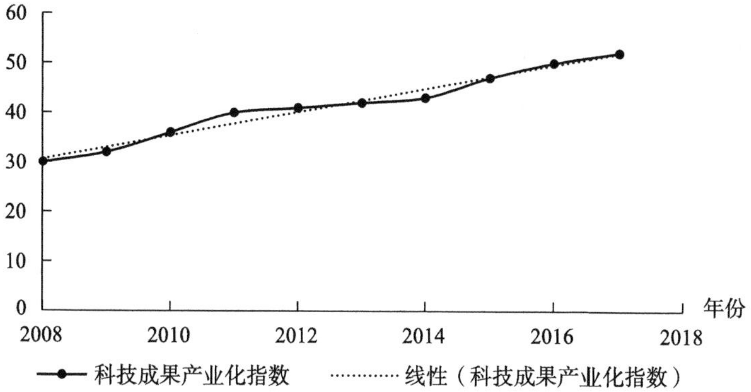

图4-16　2008—2017年河南省科技成果产业化指数

资料来源：《中国科技资料统计汇编》。

4.4　河南省科技金融发展融合的成绩和不足

4.4.1　河南省科技金融发展融合的成绩

4.4.1.1　出台了相关政策，加大了科技投入比例

为促进科技与金融结合，河南省积极响应国家促进科技金融发展的战略号召，相关部门联合出台了促进科技进步、支持金融发展的法规及其他文件，如《河南省促进高技术产业发展条例》《河南省关于开展中小企业知识产权质押融资工作的指导意见》等，为中小型科技企业的发展提供了有力的政策支持。政府也在不断提高对科技的投入力度，特别是尝到科技成果转化的甜头后，河南省对科技的投入在逐年提高。

4.4.1.2　建立了风险分担机制，维护各方利益

河南省政府创立了风险池和风险准备金来弱化风险，分担正规金融机构的风险，实现金融机构和科技企业的双赢。为促进科技创新，河南省在科技金融产品供给方面积极探索新路径，出台多种科技专项基金、科技风

险补偿基金政策，引导金融资本流入科技领域。2016 年，河南省科技厅、河南省财政厅开展了“科技贷”业务，亚视软件、中裕广恒和晟智科技通过“科技贷”分别成功获得贷款 300 万元、500 万元、500 万元，有效地缓解了河南省中小型科技企业融资难问题。随着互联网的发展，河南省政府正积极搭建网络平台，鼓励科技型企业通过股权众筹融资渠道广泛吸收社会公众资金，并推出投贷联动、“统借统还”贷款等多种金融创新产品。与此同时，资本市场发展势头强劲，新三板挂牌公司数量增长迅速，截至 2017 年底，河南省新三板挂牌公司数量达到 378 家，与 2014 年相比增长了 587.27%。各银行金融机构创新科技贷款政策，推出周转贷款产品、资产证券化等融资产品，为科技型企业融资提供多种渠道。

4.4.1.3 财政投入方式多样化，科技成果丰硕

一方面，河南省政府通过与有限责任公司共同成立创业投资机构，设立创业投资引导基金，把社会的闲散资金聚拢起来解决科技企业的融资难题；另一方面，政府还联合一些金融机构成立中小型的科技银行来支持科技企业的发展，鼓励科技企业采取专利产权质押进行融资，在一定程度上缓解了科技企业的资金问题，有效地促进了河南省科技和金融的结合。在各部门的大力支持下，河南省科技成果丰硕。自 1978 年以来，河南省共有省级奖励科技成果 9342 项，国家级奖励成果 534 项。2015 年，河南省科技论文被国外检索工具 SCI 收录 5903 篇，EI 收录 4633 篇，CPCI-S 收录 782 篇。2016 年，河南省专利申请授权数为 49145 件，技术市场成交合同数达 4275 个，成交合同额为 592419 万元。

4.4.1.4 加强了对产业技术的创新

为突破某些领域的关键技术难题，河南省启动重大科技专项计划，该计划使一些科技型企业通过掌握核心技术壮大了自身实力，科技产量大幅度提升。例如，河南科技学院实施的重大科技项目——小麦新品种百农矮抗 58 研究的成功大大增加了小麦的亩产量，实验数据显示，小麦亩产可达

到690.6千克，创下了小麦亩产量的最高值。

河南省省级工程技术研究中心建设取得新进展，河南省已建和在建工程技术研究中心数量达到337家，这些研究中心主要以高技术产业集聚区内的骨干企业为依托，为提升产业集聚区的自主创新能力奠定了基础。在河南省大力推进科技自主创新政策的引导下，自主创新成果开始显现，河南省共有创新型企业14家，其中的宇通集团、许继集团和平高集团被列为国家创新型企业，其余11家企业为试点企业。

河南省试图通过建立产业技术创新战略联盟集合多个企业共同突破技术难关，实现技术产品创新。如由许继集团、洛阳轴承集团、中国平安集团、清华大学等共同组建的风力发电产业联盟，各主体充分利用自身优势，扬长避短，在互利共赢的目标下形成了风电整机及零部件新兴产业集群。

4.4.2　河南省科技金融发展融合的不足

河南省科技金融发展取得了显著成绩，各项指标不断进步，但离理想目标值还存在一定的差距，科技金融在发展过程中还受到种种因素的影响。具体来说，河南省科技金融发展还存在以下问题：

（1）缺乏多元化的金融服务体系

从河南省科技金融服务体系的现状来看，河南省科技金融服务体系主要是通过政策性扶持、成立相关金融配套组织及引导商业银行推出与科技融资相关的新金融产品及服务等手段来实现的（肖科，2009），以政府及银行为主，并没有对社会资本形成较强吸引力，当前科技金融服务形式较为单一。由于科技型企业自身发展的特点，银行为其提供的科技贷款比率处于相对较低的水平（姚永玲，2015），为其提供的往往是大众化的金融产品和服务，并没有针对科技型企业特有的融资需求设计具有针对性的产品，不能实现金融产品差异化供给（李国林，2012）。

投资市场方面，虽然风险投资机构的数量在不断增加，但从上文的数据分析中可知，风险投资机构总量与投资规模还存在较大的提升空间，投资规模在5亿元以上的企业目前市场还没有，且投资机构资质参差不齐，在投资实力、服务质量、风险监控等方面缺乏完善的评级制度和规范（王益、许小松，2000），使很多投资机构由于信息不对称或出于规避风险的考虑对投资望而却步，致使很多金融资源得不到充分利用。

新三板市场的出现为中小型科技企业融资提供了有效渠道，新三板挂牌公司数量增长迅速，各中小型科技企业力争通过资本注入推动企业转型升级。但河南省新三板挂牌公司数量及新三板股票发行情况与广东、北京、江苏等地相比还存在较大的差距，现有的融资还不能满足科技企业发展的需求，如何加快并有效推进河南省新三板市场的发展，使科技型企业向股权融资方向转变仍是科技金融发展亟待解决的问题。

（2）金融支持保障机制不完善

金融支持力有限已成为制约河南省科技型企业创新发展的一个重要原因。具体来看，这种支持力不足突出表现在以下方面：①河南省金融支持保障机制不够健全。近年来，国家科技部出台了加快科技和金融结合试点等系列政策，河南省在国家的大力号召下也制定了相关的政策制度，进一步强化了科技金融工作在科技体制改革中的地位和作用。总体来看，河南省的金融工作还比较分散，主要集中在省会郑州的高技术开发区和经济技术开发区，没有和周边的新郑、洛阳等结合，因而缺少联合效力。出台的政策也是建立在国家指导基础上，缺少针对自己的一些细化政策。②风险担保补偿机制整体处于缺失状态，所出台的推动金融科技发展的政策文件多以原则性指导为主，可操作性不足。③由于创新活动具有较高风险，使得投资主体对中小型科技企业的投资意愿相对较低，资金短缺成为影响河南省中小型科技企业发展的重要问题（俞立平，2015）。在这种情况下，河南省应通过对国内外科技金融案例的分析及先进经验的借鉴学习，进一步加快完善本地科技金融结合的保障机制，逐步建立科学合理的科技金融服务体系和风险管理保障体系，让科技企业及金融机构成为科技金融结合发展的核心，科技企业利用金融机构所提供的资金加快推动科技成本的转化落地，而金融机构则通过与科技企业的合作进一步拓展业务范围及实现创新发展，最终实现双赢（周昌发，2011）。

（3）科技经费投入总量和结构不够理想

随着国家财政科技投入的不断增加，河南省科技经费投入总量也在逐年增长，但总量依然不足，落后于其他省份。从全国来看，2016 年全国 R&D 经费投入共 15676.7 亿元，河南省 R&D 经费投入总量列全国第 10 位，与 R&D 经费投入超过 1000 亿元的广东、江苏、山东、北京、浙江、上海 6 个地区相比差异较大（见表 4-12）。2016 年，北京、上海、天津、江苏、广东、浙江、山东、陕西（2.19%）这 8 个地区的 R&D 经费投入强度最高，超过全国 R&D 经费投入水平，而河南省 R&D 经费投入强度却低于全国平均水平，与上述 8 个地区相比还存在一定的差距。

表 4-12　2016 年各地区 R&D 经费情况

排名	地区	R&D 经费（亿元）	R&D 经费投入强度（%）
	全国	15676.7	2.11
1	广东	2035.1	2.56
2	江苏	2026.9	2.66
3	山东	1566.1	2.34
4	北京	1484.6	5.96
5	浙江	1130.6	2.43
6	上海	1049.3	3.82
7	湖北	600.0	1.86
8	四川	561.4	1.72
9	天津	537.3	3.0
10	河南	494.2	1.23

资料来源：《2016 年全国科技经费投入统计公报》。

2016 年，全国财政科技支出为 7760.7 亿元，占全国 R&D 经费总支出的 49.5%。河南省 R&D 经费总支出中有 19%来源于河南省财政拨款，这一指标值远远低于全国平均水平，河南省财政科技拨款的结构正在积极转变，但科技金融发展过程中政府依然起主导作用，政府对科技金融的发展影响较大（张缨，2015）。在科技型企业发展过程中，政府干预较多，企业的研发活力不能得到真正释放，创新能力受阻，而企业为了自身的生存不得不在政府的指导下研发创新项目，这使企业对政府产生过多的依赖心理，从而使政府成为科技型企业的融资主体（黄国平，2009）。

（4）科技金融中介服务体系缺失

科技金融中介服务机构起着连接银行和企业的作用，能够促进银企沟通，减少信息不对称。为了加快推进河南省科技与金融结合工作，建立完善的科技金融中介服务体系显得十分迫切。然而，河南省专门从事科技金融业务的中介服务机构仅有10多家，远远不能满足科技企业对于资金的需求，专业知识产权评估机构更是屈指可数，进一步加剧了融资难的问题。科技金融中介服务体系建设滞后，不利于河南省科技资源和金融资源的有效融合。

（5）科技金融融合效率有待进一步验证

河南省在科技活动、科技创新技术成果、高技术产业等方面的产出不断增长，但这些指标并不能充分说明河南省科技金融的产出已达到理想化状态、科技金融融合发展是有效的。有学者指出，河南省金融机构对科技和金融的结合的影响不显著（郑卓，2016），具体理由如下：一方面，金融机构缺乏自觉主动性，只在政府搭建的平台上才进行对接和合作，不会自觉与科技企业进行对接，商业银行主要是从自身资金的安全性出发，相对提高了贷款的条件，而科技企业由于行业的特殊性，往往不符合银行的借贷标准。另一方面，银行和科技企业之间存在严重的信息不对称，最大的信息不对称是来自对科技企业项目的价值评估。银行主要服务传统的大中型企业，对于新型的科技企业缺乏了解，也没有匹配专门的人员对科技企业抵押的技术知识进行估量。随着河南省经济总量的迅速发展，我们需要关注在现有的金融支持下，科技产出是否达到了最大化，现有的投入资源是否实现了有效配置。要验证这一问题需采用合适的量化方法，因此相关部门应加强对科技金融融合效率的评价，准确掌握科技金融投入与产出的效率，优化产业结构，避免造成资源浪费。

4.5　本章小结

首先，本章通过回顾科技金融发展和融合的历程来了解科技金融发展融合的过去和现在。其次，用 R&D 人员全时当量指标反映我国科技发展过程中的人员投入，用 R&D 经费指标反映我国各主体部门对科技研发活动经费的支持力度，用其他资金反映金融机构的科技贷款和资本市场融资情况，用对高技术产业的 R&D 经费投入来反映国家对科技的金融支持力度，并具体分析科技金融投入的现状，其中既有对河南省科技金融支持的相关政策的介绍，也有对科技风险投资机构状况的描述，还有对科技经费投入规模以及证券市场的发展的分析。最后，用国内有效专利数、技术市场合同成交额和高技术主营业务收入来具体分析科技金融的产出现状。具体表现为：投入上，保障性政策得到进一步完善、财政科技拨款逐年增加、R&D 经费支出持续增长；产出上，科技成果产量逐年增加、科技成果转化率逐年上涨、科技成果产业化水平稳定增长。可以说，河南省科技金融取得了一定成就，如拓展了科技型企业的融资渠道、科技成果丰硕、科技型企业科技产量大幅度提升、自主创新成果显现、产业技术实现了创新等；但仍存在自身“短板”，如缺乏多元化的金融服务体系，金融支持保障机制不完善，科技经费投入总量和结构不够理想，与广东、北京、上海等地相比较还存在较大的悬殊，科技和金融中介服务体系缺失，以及在现有的科技金融投入水平下，科技金融融合效率的有效性需进一步验证。

第 5 章

河南省科技金融融合效率的实证研究

经济的发展离不开科技的推动，科技是一个国家或地区发展的核心要素，科技成果产出需要金融为其提供强大的支持保障，二者有效融合成为推动产业优化升级、经济发展方式转变的重要工具。科技和金融的融合效果决定了它们对经济发展的贡献大小，如果二者能够相互渗透并有效协调，那么它们在促进经济转型发展过程中便会起到杠杆作用。河南省要全面实现产业结构升级、提升自主创新能力，就需要创新科技与金融融合发展，从而转变经济发展方式，实现创新驱动。在此目标的战略指引下，河南省不断探索科技与金融的有效融合发展模式，虽取得一定成效，但并没有达到理想状态，科技金融融合的效率需进一步提高，融合模式需创新。本书在借助相关学者（王海、叶元煦，2003）对科技金融的研究成果的基础上，通过 DEA 方法分析科技与金融的融合效率，以及二者在融合过程中存在的关键问题，提出相应的解决方法。

5.1 河南省科技金融融合效率的评价模型

科技的发展为河南经济转型升级提供了强大动力，政府在注重科技金融支持、加大金融投入力度的同时，应关注科技投入带来的产出情况，现有的资源配置是否实现了科技成果的最大产出，资源配置是否达到最优程度。

越来越多的学者开始对科技金融的融合效率进行研究和实证检验。有学者在研究我国工业企业技术效率时，采用了 C-D 生产函数模型，认为不同的 R&D 经费对企业技术效率的影响是不同的。如果 R&D 经费来自企业，会对企业技术效率产生正影响；如果 R&D 经费来自公共研究机构，会对企业技术效率产生负影响（姚洋、章奇，2001）。有学者选取了我国 1991—1999 年的相关数据，以科技产出与金融投入的各项指标构建评价体系，在对指标赋权时采用了层次分析法，这样既能对单项指标进行评价，还能进行综合评价（王海，2003）。有学者为了比较我国中部地区与东部地区科技金融融合效率的差异，运用 DEA 方法，以两区域的时间序列数据为样本进行实证分析（吕江林，2012）。有学者为了考察金融投入对科技创新的带动作用，从全国 22 个省市选取了 2005—2008 年的截面数据，利用数据包络分析法对其进行了评价（赵稚薇，2012）。华玉燕和赵纳（2013）在研究安徽省科技与金融结合效率时，利用 DEA 方法得出要提高科技成果产出的质量和数量，需优化科技金融的内部结构的结论。综观以上学者的研究不难发现，在科技与金融融合效率评价中，DEA 方法得到了广泛应用，而且随着时间的推移，该方法逐步得到改善，开始与其他方法相结合使用。回广睿（2014）在对我国 2005—2011 年的科技金融融合效率进行评价时，不仅采用了 EDA 方法，还从企业、政府和金融市场三个方面利用 Tobit 模型分析了其对科技金融效率产生的影响。陈军梅（2014）在评价宁夏科技金融融合效率时，将 DEA 方法和 Malmquist 指数进行了综合运用。

从现有相关文献可知，学者们对科技金融的研究取得了一定的成果，研究角度也从以往的关注科技金融内涵、发展模式等的定性研究转变为定量研究。尽管从定量的视角分析科技金融问题大多基于国家层面，很少结合地方发展特色，其研究结论缺乏地域针对性，但研究中所应用的相关方法和形成的理论体系可以为本书的研究作铺垫。

对河南省科技金融的融合效率进行评价的目的是，考察近年来在国家大力提倡战略性新兴产业发展的背景下，河南省为促进科技产业发展所投入的金融资源是否实现了最优配置，是否存在资源冗余的现象，以及现有的投入产出结果与目标值之间的差异，为后续是否应继续加大金融投入提供参考依据。金融投入与科技产出涉及多个方面，研究二者之间的融合效率本质是研究多项投入指标与多项产出指标之间的效率关系。评价投入与产出效率的一个有效工具是 DEA 方法，由 Charnes、Rhode 和 Cooper 在 1978 年首次提出（杜栋等，2012）。此方法在应用时较为灵活，对生产函数的具体形式没有严格的要求，对投入和产出等各项指标的单位也没有严格的规定，决策单元的形式不受限制。与其他方法相比，DEA 方法最突出的优势在于各指标权重的确定，其能够自动根据给定的数值分配相应的权重，这样排除了主观赋权带来的弊端，从而使评价结果更为准确（谢有才，2017）。DEA 方法除能进行综合评价外，还能对各个决策单元的有效性进行评价，如果某个决策单元是非有效的，可以利用此方法进一步分析导致该决策单元非有效的原因，并找到相应的解决办法。应用 DEA 方法对投入与产出之间的关系进行评价，可以为相关决策提供有效的参考依据。根据 DEA 方法的原理及所具备的优势，结合本书研究内容的特点，从多个角度进行比较分析后，笔者认为 DEA 方法适用于河南省科技金融融合效率的评价。

5.1.1　DEA 方法简介

DEA 方法又称数据包络方法（Data Envelopment Analysis），是由美国著名运筹学家 A. Charnes 和 W. W. Cooper 提出来的，综合运用了数学、运筹学、数理经济学和管理科学等学科知识，通过利用数学规划以及统计学数据，集中评价多输入和多输出之间的相对有效性“部门”或“类”，将多项输入、多项输出决策单元投影到 DEA 的生产前沿面上，最后通过比较决策单元与 DEA 前沿面的偏离程度来对它们的相对有效性进行评价。DEA 方法得到大部分经济学家的一致认可，被广泛地应用到各个领域，如军用飞机的飞行、基地维保、城市建设、银行等方面；其还可以用于研究各种方案之间的相对有效性，用于在重大事项决策之前预测可能产生的相对效果等。

DEA 方法相较其他方法，存在以下特点：

（1）对投入、产出的生产函数没有明确的要求。一项生产经营活动必然是多项投入与多项产出共同决定的，而对投入与产出之间的复杂关系很难进行准确的判断，因此对它们之间函数的具体形式也就难以把握。DEA 方法由于不要求生产函数的具体形式，因此适用于复杂的投入、产出之间关系的测定。

（2）对投入、产出各指标的单位没有限制性要求，无须进行无量纲化处理。一般而言，各项输入指标、输出指标描述的是不同方向的数据，指标单位不尽统一，而 DEA 方法在应用时只要各决策单元数据指标保持一致，便不影响输出结果，输入指标、输出指标可以是绝对量、相对量等任何形式，也可以多种形式的指标同时存在。

（3）对投入、产出各项指标权重的确定较为客观。由于各项指标对生产过程的重要性和贡献程度不同，指标的权重也不尽相同，为排除人为主观因素的影响，DEA 方法可以根据原始指标数据，借助 DEA 方法自动生成指标权重。

（4）能够判断非有效决策单元偏离目标值的程度。DEA 方法能够计算出各决策单元的相对效率值，如果某个决策单元是非有效的，DEA 方法能够借助模型输出的各参数值，计算非有效决策单元的最佳投入值或最大产出值。

5.1.2 DEA 方法设定

DEA 方法能针对不同的研究问题提供不同的模型。根据规模报酬是否可变，DEA 方法主要有两种类型，即 CCR 模型和 BCC 模型。

（1）规模报酬不变模型（CCR 模型）

CCR 模型是 DEA 方法提供的模型中的一种，它的主要作用是对决策单元的相对效率进行评价，此方法在应用时需要建立投入与产出的线性组合模型，根据二者的线性组合比率来测定相应决策单元的效率，但前提是假设研究对象的规模报酬是不变的（徐琼，2005）。

CCR 模型的原理是将所研究的对象转化成 n 个决策单元，每个决策单元包含 m 种投入要素、s 种产出要素。于是第 j 个决策单元的投入向量为 x_j、产出向量为 y_j：

$$x_j=(x_{1j},\ x_{2j},\ \cdots,\ x_{mj})^T$$

$$y_j=(y_{1j},\ y_{2j},\ \cdots,\ y_{sj})^T,\ j=1,\ 2,\ \cdots,\ n \tag{5-1}$$

每个决策单元的各输入变量权系数用 v_i 表示，$i=1,\ 2,\ \cdots,\ m$，输出变量权系数用 u_r 表示，$r=1,\ 2,\ \cdots,\ s$。各输入变量和输出变量的权系数由 DEA 模型根据原始数据赋值。

第 j 个决策单元 DMU_j 效率的大小通过效率评价指数来反映：

$$h_j=\frac{u^Ty_j}{v^Tx_j}=\frac{\sum_{r=1}^{s}u_ry_{rj}}{\sum_{i=1}^{m}v_ix_{ij}},\ j=1,\ 2,\ \cdots,\ n \tag{5-2}$$

我们可以适当地选取权系数 u 和 v，使 $h_j\leqslant 1$，$j=1,\ 2,\ \cdots,\ n$，对第 j 个决策单元 DMU_j 效率进行评价，一般来说 h_j 越大，表明第 j 个决策单元越能够用较少的输入来取得相对较多的输出。决策单元的效率值如图 5-1 所示，假设有 4 个有效的决策单元，分别为 A、B、C、D，这四个决策单元构成了有效生产前沿面 $ABCD$，E 为无效的决策单元。C、E 分别与有效生产前沿面 $ABCD$ 相交于 C' 和 E'，则 C 的效率值为 $\frac{OC'}{OC}=1$，E 的效率值为 $\frac{OE'}{OE}<1$。

对 DMU_j 效率进行评价，是看 DMU_j 在这 n 个决策单元中相对来说是不是最优的，当尽可能地变化权重时，h_j 的最大值究竟是多少。如以第 j_0 个决策单元的效率指数为目标，以所有决策单元的效率指数为约束，可构

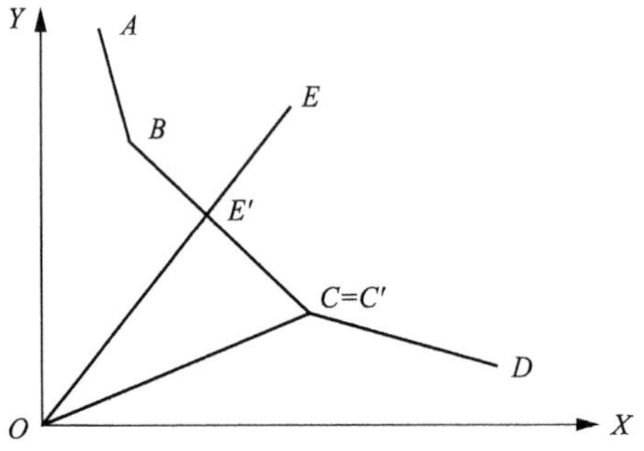

图 5-1　决策单元效率值

造如下的 CCR 模型：

$$\begin{cases} \max h_{j_0} = \dfrac{\sum_{r=1}^{s} u_r y_{rj_0}}{\sum_{i=1}^{m} v_i x_{ij_0}} \\ \text{s. t. } \dfrac{\sum_{r=1}^{s} u_r y_{rj}}{\sum_{i=1}^{m} v_i x_{ij}} \leqslant 1, \ j=1, 2, \cdots, n \\ u \geqslant 0, \ v \geqslant 0 \end{cases} \tag{5-3}$$

其中，$u=\begin{pmatrix} u_1 \\ u_2 \\ \vdots \\ u_s \end{pmatrix}$，$v=\begin{pmatrix} v_1 \\ v_2 \\ \vdots \\ v_m \end{pmatrix}$。

上述规划模型是一个分式规划模式，使用 Charnes-Cooper 变化，令：

$$t=\frac{1}{v^T x_0}, \ w=tv, \ \mu=tu \tag{5-4}$$

则由 $t=\dfrac{1}{v^T x_0}$可推导出 $w^t x_0=1$，可变成如下的线性规划模型 P：

$$\begin{cases} \max h_{j_0} = \mu^T y_0 \\ \text{s. t. } w^T x_j - \mu^T y_j \geqslant 0，\ j=1，2，\cdots，n \\ w^t x_0 = 1 \\ w \geqslant 0，\ \mu \geqslant 0 \end{cases} \tag{5-5}$$

利用线性规划的最优解来定义决策单元 j_0 的有效性，从模型可以看出，该决策单元 j_0 的有效性是相对于其他所有决策单元而言的。

CCR 模型可以用线性规划模型 P 表达，而线性规划一个重要的结论是对偶理论。每一个线性规划模型都有其对应的对偶规划模型，当求出了对偶规划模型或者原始线性规划模型中任意一个最优解时，另外一个线性规划模型的最优解就直接给出了，建立对偶规划模型更方便我们求出线性规划模型的最优解，并做出比较判断，更容易从理论和经济意义上作深入分析。模型 P 的对偶规划模型为 D′：

$$\begin{cases} \min\theta \\ \text{s. t. } \sum_{j=1}^{n} {}_j x_j \leqslant \theta x_0 \\ \sum_{j=1}^{n} {}_j y_j \geqslant y_0 \\ j \geqslant 0，\ j=1，2，\cdots，n \\ \theta \text{ 无约束} \end{cases} \tag{5-6}$$

为了讨论和计算方便，进一步引入松弛变量 s^+ 和剩余变量 s^-，将上面的不等式约束变为等式约束，可变成对偶规划模型 D：

$$\begin{cases} \min\theta \\ \text{s. t. } \sum_{j=1}^{n} {}_j x_j + s^- = \theta x_0 \\ \sum_{j=1}^{n} {}_j y - s^+ = y_0 \\ \lambda_j \geqslant 0，\ j=1，2，\cdots，n \\ \theta \text{ 无约束} \end{cases} \tag{5-7}$$

1952 年，Charnes 通过引入非阿基米德无穷小量 ε，成功地解决了计算和技术上的困难，建立了具有非阿基米德无穷小量 ε 的 CCR 模型：

$$\begin{cases}\min\left[\theta-\varepsilon\left(\sum_{j=1}^{m}s^{-}+\sum_{j=1}^{r}s^{+}\right)\right]=v_{d}(\varepsilon)\\ \text{s. t. }\sum_{j=1}^{n}{}_{j}y_{j}-s^{+}=y_{0}\\ \sum_{j=1}^{n}{}_{j}x_{j}+s^{-}=\theta x_{0}\\ \lambda_{j}\geqslant 0,\ s^{-}\geqslant 0,\ s^{+}\geqslant 0,\ j=1,\ 2,\ \cdots,\ n\end{cases} \tag{5-8}$$

式（5-8）中，λ_j为各决策单元线性组合的权重，而决策单元的效率值为 θ，最优解为 θ^0，λ^0，s^{0+}，s^{0-}。

θ 的取值以及决策单元的效率见表 5-1。

表 5-1　DEA 方法中 CCR 模型分析结果

取值	分析结果
$\theta=1$	表明该决策单元是有效的，即在现有的规模下，投入带来的产出达到了理想状态的最大值
$0.9\leqslant\theta<1$	表明该决策单元处于相对有效状态，即投入与产出还需要略微进行调整
$0.1\leqslant\theta<0.9$	表明该决策单元是非有效的，即现有的投入与产出需进行长期调整后才能达到目标值
$0\leqslant\theta<0.1$	该决策单元处于无效状态，即当前的投入和产出可能违背了现象发展的正常规律

λ_j的值可以反映决策单元的规模收益情况：

第一，如果存在最优解λ_j($j=1$，2，…，n）使得 $\sum\lambda_j=1$，则决策单元的规模收益不变；

第二，如果不存在最优解λ_j($j=1$，2，…，n）使得 $\sum\lambda_j=1$，若 $\sum\lambda_j<1$，则决策单元的规模收益递增；

第三，如果不存在最优解λ_j($j=1$，2，…，n）使得 $\sum\lambda_j=1$，若 $\sum\lambda_j>1$，则决策单元的规模收益递减。

（2）规模报酬可变模型（BCC 模型）

当应用 CCR 模型对投入与产出的效率进行评价时，如果得到的结果是决策单元非有效或效率较低，这时需要用 BCC 模型对决策单元做进一步评价。BCC 模型也是 DEA 方法提供的模型中的一种，与 CCR 模型不同的是，BCC 模型研究的规模报酬是可变的，它在 CCR 模型的基础上增加了对权重λ的约束，这样便可以测量出决策单元的非有效性受技术效率的影响程度。

BCC 模型中决策单元效率值的求解可通过如下线性规划模型得到：

$$\begin{cases} \min_{\lambda,\theta} \\ \text{s. t.} \sum_{j=1}^{n} y_j \lambda_j \geqslant y_0 \\ \sum_{j=1}^{n} \lambda_j = 1 \\ \sum_{j=1}^{n} x_j \lambda_j \leqslant \theta x_0 \text{ , } j=1,\ 2,\ \cdots,\ n \end{cases} \tag{5-9}$$

式（5-9）中，x_0 为决策单元中的投入指标，y_0 为决策单元中的产出指标。λ为新构建的 n 个决策单元所形成的线性组合中各个决策单元的权重。θ 为决策单元中投入的各项指标 x 带来的产出水平，即决策单元的效率值，$1-\theta$ 表示在产出一定的条件下，可减少的投入的比例。

CCR 模型在规模报酬不变（CRS）条件下测算的决策单元的相对效率为综合效率（TE），也称为技术效率；BCC 模型在规模报酬可变（VRS）条件下所测算的决策单元的相对效率为纯技术效率（PTE）；当用综合效率（TE）/纯技术效率（PTE）时便可得到规模效率（SE）。纯技术效率是指某个决策单元的数值与规模报酬可变条件下形成的生产前沿面之间的距离；规模效率是指规模报酬可变条件下形成的生产前沿面与规模报酬不变条件下形成的生产前沿面之间的距离。

如果某个决策单元的规模效率值为 1，DEA 方法中的综合效率值＝纯技术效率值=1，该决策单元是有效的，生产处于最佳状态；如果某个决策单元的规模效率值小于1，说明该决策单元的规模没有达到最佳状态，可能存在规模过大或规模过小的情况。具体表现为两种情况：一是纯技术效率（PTE）=1，规模效率（SE）<1，这时二者乘积得到的综合效率（TE）<1，综合效率处于无效状态，但这种无效状态不是技术效率导致的，而是由决策单元的规模无效导致的；二是纯技术效率（PTE）<1，规模效率（SE）<1，这时二者的乘积得到的综合效率（TE）<1，综合效率处于无效状态，这种无效状态是由技术效率和规模效率共同导致的，在生产过程中需调整各投入要素的比例，并加强技术管理。

另外，根据决策单元在DEA相对有效面的投影原理，可以测算出非DEA有效的决策单元的投入冗余率和产出不足率。

5.2 河南省科技金融融合效率的评价指标体系

5.2.1 指标体系的构建

科技金融效率考察的是在一定生产要素条件下金融投入带来的科技产出情况，因此在对科技金融效率进行评价时必然涉及投入和产出两个方面。对科技金融效率进行评价，评价指标选取是关键，指标选择必须符合科学性原则，这样才能使评价结果更为客观、准确。要想使选择的指标具有科学性，指标应尽可能地全面覆盖科技金融活动的各个方面。但出于评价可操作性以及指标数据可获得性的考虑，这里不能一一列出金融投入和科技产出的所有指标，因此遵循系统性、可操作性和准确性原则，结合河南省实际发展情况，在参考了相关学者研究中所采用的指标后，本书从金融投入和科技产出两大方面构建了河南省科技金融融合效率评价指标体系，具体见表5-2。

表 5-2 河南省科技金融融合效率评价指标体系

类别	指标
金融投入	X_1：R&D 经费支出（亿元）
	X_2：地方财政科技拨款（亿元）
	X_3：高技术产业新增固定资产（亿元）
科技产出	Y_1：发表科技论文数（篇）
	Y_2：发明专利授权数（项）
	Y_3：技术市场成交合同额（万元）
	Y_4：高技术产业新产品销售收入（万元）

金融投入方面，指标体系包含用于支持科技发展的所有经费投入总额，即科技活动经费筹集总额，按照资金来源主要分为政府科技投入、企业自有资金、银行等金融机构科技贷款、资本市场科技融资、风险投资机构科技投资等。通过查阅相关统计年鉴发现，各年的科技活动经费筹集总额以及各主体的科技活动投入无法获得连续数据，存在统计指标口径不一致、部分年份数据丢失的现象，为此选取其他指标进行代替。

R&D 经费支出是指为了增加科技知识和科技创新产出所从事的与基础研究、应用研究和试验发展有关的科技活动经费支出，它不包括科技教育与培训、产业化成果转化等费用。R&D 经费支出额是体现科技活动经费投入水平的重要指标。

地方财政科技拨款是指政府部门为支持地方科技发展所提供的财政资金，主要用于科技基础设施建设、科技研发等方面。地方财政科技拨款是科技型企业融资的重要来源。

高技术产业新增固定资产指企业为参与科技活动、增加科技成果产出每年新购置固定资产的投资额，反映了企业每年所增加的科技活动经费投入。

科技产出方面，学术界对该部分指标的界定没有形成统一的定论。本书在参考相关学者的观点后，进行了归纳总结，认为科技成果产出可以划分为两部分：直接产出和间接产出。直接产出是指知识性产出，主要表现为科技论文和专利产出。本书选取发表科技论文数、发明专利授权数指标来反映直接产出。间接产出主要是指科技成果的转化，包括科技活动的经济效益和社会效益。社会效益是指由于科技成果转化使人们社会生活改善的情况，难以量化衡量；经济效益方面，本书选取技术市场成交合同额、高技术产业新产品销售收入指标来反映科技产出。

本书运用 DEA 方法对河南省科技金融效率进行评价，各决策单元指标数据时间范围为 2001—2016 年，涉及 3 项投入指标和 4 项产出指标。各指标数据来源于 2002—2017 年度《河南统计年鉴》和《中国高技术产业统计年鉴》。

5.2.2 指标相关性检验

本书所构建的河南省科技金融效率评价指标是否合适，相应的投入是否能够带来一定的产出，投入与产出之间是否存在相关关系，需要进行检验。汪克亮（2010）认为，运用 DEA 方法进行效率测定，首先要保证样本的投入与产出之间存在正相关关系。为验证所选取的河南省科技金融投入与产出之间的正相关关系，即投入的增加是否能带来产出的增加，本文运用 EViews 8.0 软件对 2001—2016 年的样本数据进行相关性分析与显著性检验，结果见表 5-3。

表 5-3 河南省科技金融投入、产出指标的相关性分析

相关系数（P 概率值）	X_1	X_2	X_3	Y_1	Y_2	Y_3	Y_4
X_1	1.0000						
（P 概率值）	—						
X_2	0.9949	1.0000					
（P 概率值）	(0.0000)	—					
X_3	0.9591	0.9398	1.0000				
（P 概率值）	(0.0000)	(0.0000)	—				

续表

相关系数（P 概率值）	X_1	X_2	X_3	Y_1	Y_2	Y_3	Y_4
Y_1	0.8583	0.8735	0.7277	1.0000			
（P 概率值）	(0.0000)	(0.0000)	(0.0014)	—			
Y_2	0.9636	0.9427	0.9607	0.7489	1.0000		
（P 概率值）	(0.0000)	(0.0000)	(0.0000)	(0.0008)	—		
Y_3	0.7829	0.7503	0.7878	0.6000	0.8050	1.0000	
（P 概率值）	(0.0003)	(0.0008)	(0.0003)	(0.0140)	(0.0002)	—	
Y_4	0.8643	0.8351	0.9526	0.5729	0.8864	0.8586	1.0000
（P 概率值）	(0.0000)	(0.0001)	(0.0000)	(0.0204)	(0.0000)	(0.0000)	—

由表 5-3 可知，所选取的 3 项科技金融投入指标与 4 项科技产出指标之间的相关系数均为正，且 P 概率值均小于 0.01，说明在显著性水平 0.01 的条件下，各项投入指标与产出指标之间的相关关系显著，且为正相关，并且 3 项投入指标与发明专利授权数（Y_2）、高技术产业新产品销售收入（Y_4）之间的相关系数均超过 0.8351，是高度相关。其中 R&D 经费支出（X_1）与发明专利授权数（Y_2）之间的关联强度最强，相关系数达到 0.9636，高技术产业新增固定资产（X_3）与发表科技论文数（Y_1）之间的相关系数最小，为 0.7277，但依然是显著正相关的。以上结果说明所选取的河南省科技金融效率评价指标是有效的，适用于 DEA 方法。

5.3　河南省科技金融融合效率的实证结果及分析

本书以河南省 2001—2016 年科技金融投入与产出指标数据为研究对象，进行模型构建并基于 DEAP 2.1 软件计算科技金融融合效率，计算结果见表 5-4。

表 5-4 河南省科技金融融合效率实证结果

年份	综合效率（TE）	纯技术效率（PTE）	规模效率（SE）	整体效率	技术有效性	规模有效性	规模报酬阶段
2001	1.000	1.000	1.000	有效	有效	有效	不变
2002	1.000	1.000	1.000	有效	有效	有效	不变
2003	1.000	1.000	1.000	有效	有效	有效	不变
2004	1.000	1.000	1.000	有效	有效	有效	不变
2005	1.000	1.000	1.000	有效	有效	有效	不变
2006	0.911	1.000	0.911	相对有效	有效	相对有效	递减
2007	0.717	1.000	0.717	非有效	有效	非有效	递减
2008	0.642	0.886	0.724	非有效	非有效	非有效	递减
2009	0.739	0.992	0.745	非有效	相对有效	非有效	递减
2010	0.826	1.000	0.826	非有效	有效	非有效	递减
2011	0.964	1.000	0.964	相对有效	有效	相对有效	递减
2012	0.845	0.980	0.862	非有效	相对有效	非有效	递减
2013	1.000	1.000	1.000	有效	有效	有效	不变
2014	0.958	0.958	1.000	相对有效	相对有效	有效	不变
2015	1.000	1.000	1.000	有效	有效	有效	不变
2016	1.000	1.000	1.000	有效	有效	有效	不变
均值	0.913	0.989	0.922	相对有效	相对有效	相对有效	—

5.3.1 CCR 模型结果分析

从表 5-4 中可以看出，2001—2016 年河南省科技金融融合效率的均值为 0.913，整体处于相对有效状态，虽然没有达到最佳理想状态，但在各部门及相关人员的共同努力下，河南省科技金融发展取得的成绩是值得肯定的。其中，2001—2005 年、2013 年、2015 年、2016 年表现为有效状态，说明在保持规模报酬不变的情况下，河南省科技金融在现有投入的状态下能够最大化地促进产出，二者的综合效率值为 1，科技金融的融合是有效的。在其他的年份中，2006 年、2011 年、2014 年的综合效率尽管没有达到 1，但都处于 0.9~1，说明这 3 个年份的科技金融融合处于相对有效状态，只需在后续发展中略微调整投入比例即可达到有效状态。但 2007—2010 年、2012 年的综合效率值均小于 0.9，处于非有效状态，说明这期间的金融投入与科技产出资源配置不尽合理，要想实现科技与金融的深度融合，政府、企业、研发机构等相关部门应调整资源配置策略，转变发展思路（见图 5-2）。

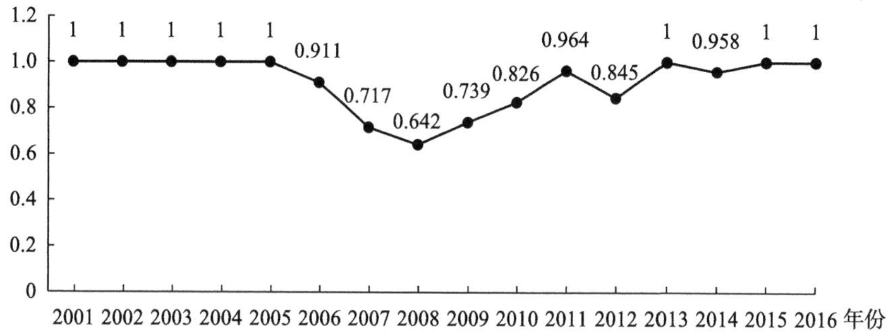

图 5-2　2001—2016 年河南省科技金融综合效率

5.3.2　BCC 模型结果分析

基于对表 5-4 的观察发现，从技术有效性来看，2001—2016 年河南省科技金融融合的纯技术效率均值为 0.989，整体处于相对有效状态，其间，技术有效和相对有效的年份数量分别为 12 个和 3 个，非技术有效的年份只有 2008 年。具体来看，2001—2007 年、2010 年、2011 年、2013 年、2015 年、2016 年的纯技术效率值均为 1，说明在规模报酬可变的条件下，河南省科技金融技术处于有效状态。2009 年、2012 年和 2014 年 3 个年份的纯技术效率值没有达到 1，但也处于 0.9~1，这 3 年技术处于相对有效状态，只需适度调整就可以转化为有效状态。2008 年科技金融技术效率降幅较大，纯技术效率值为 0.886，小于 0.9，技术处于非有效状态，说明科技发展中的金融支持资源没有得到最优利用，即金融投入过多或科技产出不足

（见图5-3）。

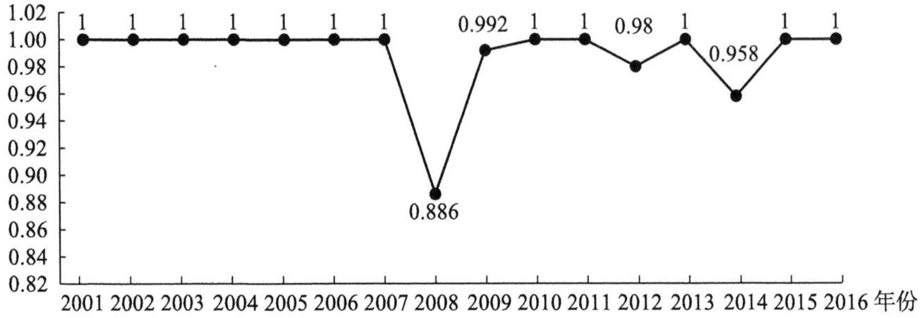

图5-3　2001—2016年河南省科技金融纯技术效率

DEA方法不仅可以评价各决策单元的效率，还能对未达到有效状态的决策单元偏离目标值的程度进行测定，从而调整投入和产出情况。BCC模型测得河南省科技金融纯技术效率在2008年、2009年、2012年、2014年未达到有效状态，说明这几年科技金融存在投入过剩和产出不足的情况，各指标偏离目标值的情况见表5-5。从投入来看，R&D经费支出、地方财政科技拨款、高技术产业新增固定资产累计分别冗余70.409亿元、13.86亿元、113.224亿元。高技术产业新增固定资产在2012年的冗余量最大，为45.707亿元。从产出来看，各年发表的科技论文数实际值与目标值刚好吻合，无须进行改进；发明专利授权数实际值与目标值累计相差918.577项；技术市场合同成交额在技术效率未达到有效状态时均偏离目标值，其中2012年产出不足情况最为明显，为306281.174万元；高技术产业新产品销售收入在2008年和2012年存在产出不足的情况，2012年尤为严重，在现有投入的基础上有6068737.563万元的科技成果未能实现转化。综上所述，河南省科技金融需要降低不必要的投入，同时采取相关措施来提高既有投入的技术效率，结合科技产出相对偏低的现状，进一步推动技术创新，通过合理的金融投入来切实提升科技产出，从而使产出水平最大化。

表 5-5　河南省科技金融投入产出冗余情况

年份	R&D 经费支出（亿元）	地方财政科技拨款（亿元）	高技术产业新增固定资产（亿元）	发表科技论文数（篇）	发明专利授权数（项）	技术市场成交合同额（万元）	高技术产业新产品销售收入（万元）
2001	0.000	0.000	0.000	0.000	0.000	0.000	0.000
2002	0.000	0.000	0.000	0.000	0.000	0.000	0.000
2003	0.000	0.000	0.000	0.000	0.000	0.000	0.000
2004	0.000	0.000	0.000	0.000	0.000	0.000	0.000
2005	0.000	0.000	0.000	0.000	0.000	0.000	0.000
2006	0.000	0.000	0.000	0.000	0.000	0.000	0.000
2007	0.000	0.000	0.000	0.000	0.000	0.000	0.000
2008	32.089	3.504	24.293	0.000	0.000	17453.827	495139.856
2009	12.620	0.290	1.416	0.000	209.816	41955.653	0.000
2010	0.000	0.000	0.000	0.000	0.000	0.000	0.000
2011	0.000	0.000	0.000	0.000	0.000	0.000	0.000
2012	6.119	6.616	45.707	0.000	0.000	306281.174	6068737.563
2013	0.000	0.000	0.000	0.000	0.000	0.000	0.000
2014	19.581	3.450	41.808	0.000	708.761	8912.860	0.000
2015	0.000	0.000	0.000	0.000	0.000	0.000	0.000
2016	0.000	0.000	0.000	0.000	0.000	0.000	0.000

5.3.3　规模有效性结果分析

CCR 模型与 BCC 模型可以测算出规模效率，通过规模效率能够了解到，处于非有效状态的决策单元在多大概率上是由规模无效决定的。从表 5-4可以看出，2001—2016 年河南省科技金融规模效率均值为 0.922，为相对有效状态，说明河南省科技发展过程中的金融投入规模与科技产出配比适度，稍微调整各投入要素的配比即可达到最佳状态。2001—2005 年、2013—2016 年的规模效率值均达到 1，说明这些年份的科技金融投入与产出处于规模有效状态，即金融投入带来的科技产出能够实现最大化。但其余年份的规模效率值都不足 1，其中 2006 年、2011 年的规模效率值大于 0.9，处于相对有效状态；2007—2010 年、2012 年的规模效率值均小于

0.9，处于非有效状态（见图 5-4）。

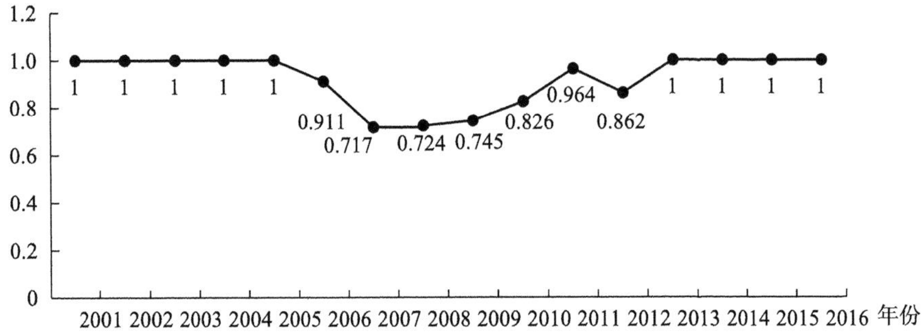

图 5-4　2001—2016 年河南省科技金融规模效率

如果规模报酬不是有效状态，则存在两种不同的表现形式：一种为规模报酬递增，这种情况是指当不断增加科技金融投入时，所带来的科技产出水平的增加幅度大于其金融投入增加的幅度；另一种为规模报酬递减，是指随着科技投入的持续增加，科技产出的增长率较之投入的增长率相对偏低。从表 5-4 可以看出，河南省科技金融未处于规模报酬有效状态时均为规模报酬递减阶段，也就是说在 2006—2012 年，当加大科技金融各投入要素比例时，科技产出的增长率却小于投入的增长率，各要素的投入没有发挥最大效益，存在资源浪费现象。

5.3.4　综合分析

综上所述，2001—2016 年，有 8 个年份河南省科技金融的综合效率、技术效率和规模效率值同时为 1，这 8 个年份当地科技金融结合效率整体处于相对有效状态。从其他 8 个年份的具体情况来看，综合效率不足 1 但技术效率值为 1 的有 4 个年份，分别是 2006 年、2007 年、2010 年、2011 年；综合效率不足 1 但规模效率值为 1 的有 1 个，为 2014 年。其他几个年份规模效率不足 1 的，规模报酬处于递减阶段，说明当前投入增加的幅度大于产出增加的幅度，即在当前的投入下没能实现产出最大化或根据既定的产出目标实现投入最小化。因此不能单纯地依赖扩大投入规模来实现对科技产出整体效率的提升，还必须调整各金融投入资源的比例以及生产技术水平等要素。2008 年、2009 年、2012 年的各项投入指标均存在着明显的冗余现象，应针对该问题采取有效措施对河南省金融资源潜力进行深入分析及探究，并进一步推动技术升级，来全面提升科技产出规模，并提升综合效率。

通过对河南省 2001—2016 年科技金融融合效率的实证分析可知，河南省支持科技创新的金融投入还存在一定的优化空间，在注重科技金融投入的同时，应加强对投入要素的有效管理，提高科技金融投入的综合效能，以促进科技金融与科技产出的协调快速发展。

一是创新科技金融投入方式。首先，河南省相关部门可以继续扩大科技金融支持力度和投入规模，在对当地金融资源现状有充分了解的前提下，增加财政对科技金融的支持，基于政府资金的有效引导进一步鼓励社会资金及其他金融机构投入科技创新发展中，全面拓宽科技金融融资渠道与资金来源，但需采取有效措施对科技与金融资源进行整合，提升金融投入效益。河南省还应进一步加快推进财政资金与企业、科研机构及其他民间资金的合作，逐步探索多方合作的新机制，并最终构建起适应当地科技金融发展的多元化科技创新投入模式。其次，充分发挥创业风险投资的优势与特点。与传统银行等金融机构相比，风险投资在推动科技创新发展方面有着十分重要的意义，风险投资更愿意对回报率高但风险性也较高的项目及行业进行投资，而科技创新恰恰符合其投资意愿，政府部门应制定出台相关鼓励、规范创业风险投资发展的规范，不断完善和优化科技创业投资风险补偿机制，提高风险投资对科技金融投资的积极性。

二是创新科技金融组织体系。考虑到许多科技金融企业多为中小企业，河南省要结合这些企业的发展特点和发展中所面临的共性问题，成立专门的科技金融服务中心，以此为纽带及平台来为河南省中小型科技企业提供有效的投融资服务，为企业提供更有力的资金支持。同时河南省还要抓住大力发展“郑洛新”、争创国家自主创新示范区的有利机遇，充分利用河南省科技金融发展中的突出优势，攻克难题，探索构建以郑州为核心的科技金融试验区，并以其为平台实现科技金融行业领域相关资本要素的聚集，进而建立起涵盖不同主体和不同领域，相互融合、相互促进的科技金融组织体系，彻底打破传统模式下科技资金与技术创新对接不畅的问题。

三是创新科技金融服务产品。河南省要推动以银行为代表的商业机构更好服务科技金融创新，结合科技金融发展特点成立专门的服务团队，并推出更能满足中小型科技企业发展需要的各类金融产品。同时，河南省还应在融资贷款额度、审批流程等方面为科技企业提供方便，如考虑到科技型企业的特点，河南省可尝试将企业的知识产权或股权等作为抵押物进行贷款。此外，河南省应鼓励科技型企业以“新三板”等资本市场为依托进行融资，支持部分满足相关要求的科技企业通过债券发行等方式向社会筹资，以此达到丰富科技企业融资手段的目的。

5.4　河南省科技金融效率的影响因素分析

在 5.3 节中，我们应用 DEA 方法测算了河南省科技金融的综合效率和技术效率，二者在融合过程中效率不够稳定，不同时间上科技与金融的效率值存在差异，且 2008 年的综合效率值仅为 0.642。如何保证科技金融平稳运行和发展？是什么因素导致了这种差异的存在？弄清这些问题将有利于政府根据实际情况减少科技金融发展过程中的金融投入冗余或增加科技创新产出。

科技与金融的融合是一项复杂的系统工程，涉及诸多因素，学者们从不同的角度对此进行了研究。王霞（2015）认为科技基础是一个地区科技金融发展的支撑力量，有了良好的基础加上完善的金融市场，科技与金融才能更好地融合。王认真（2014）认为对科技金融影响最大的因素是科技人才，除此之外还有金融资金投入、企业资金投入和政府资金投入，并指出政府资金投入并不是越多越好，它与区域内的技术创新成果呈反向变动关系。江湧（2017）认为虽然科技产出与金融投入之间存在必然联系，但并不是永久的正相关关系，也就是说，投入过度也会抑制科技产出，科技金融的效率受到金融规模的影响。

5.4.1　科技金融的主要影响因素

综观现有研究成果，本书进行归纳总结后从科技金融投入的角度，按照科技创新的资金来源主体，即政府、企业、金融机构、资本市场对河南省科技金融的主要影响因素进行分析。此外，科技金融的运行与发展离不开人的推动，人作为主观能动者掌握着科技、金融各要素的分配与利用。

（1）政府

政府作为地区发展的宏观调控者，对科技金融的发展起到推动作用，它可以通过财政资金收放影响科技创新的金融供给，同时无论是政府还是中介机构，都可以引导银行、风险投资企业、保险等部门分散科技投资风险，为科技型企业拓宽融资渠道（张勤芬，2009）。由于市场信息的不对称性和科技型企业较长的产品周期，金融市场各主体参与科技投资的积极性并不是很高，政府部门出台的各种保障性措施使科技与金融市场各方利益得到协调和平衡，使科技型企业发展过程中能够得到及时的资金支持和较为完善的政策保障。良好的发展环境不仅能使科技企业获得较大的经济利益，促进社会科学技术水平的提高和科技创新成果的产出，也使社会公众享受到科技带来的社会福利，这一点符合习近平总书记提出的“科技成果要服务于社会百姓”的思想。为此，政府采取怎样的举措、出台怎样的引导政策，对科技金融的发展将产生重要的影响。

（2）企业

企业是科技研发的重要主体，企业的生产经营和管理决策决定了科技金融的投入与产出。企业在生产过程中应统筹运用各种科技资源，不能因为追求某个科研项目的产出而一味地加大资金投入，应注重科技人才和先进技术设备的引进，建立有效的管理和激励制度，避免科技投入冗余现象的出现。企业自身发展实力决定了企业资源利用能力，要使企业各项投入资源达到有效配置，企业需投入更多的资金扩大生产规模，吸引专业领域人才，加大研发力度，创新更多的科研成果，而科技成果的产出又作用于企业的发展，这样形成良性循环，科技金融的效率必然能够得到提高。

（3）金融机构

金融机构是金融市场发展的主要产物，完善的金融市场为科技企业的产品创新提供了良好的融资环境，降低了科技企业尤其是中小型科技企业获得金融支持的难度。我国金融体制改革后，各类商业银行迎来了发展契机，私有银行纷纷出现，金融市场体制机制开始逐步完善。金融市场规模越大，金融机构间的竞争越激烈。金融机构在竞争过程中，为了追求自身经济利益，会努力提高资金利用效率，创新金融产品种类，这样科技企业获得贷款的概率就会增加。充分的金融供给使企业在成长过程中更具发展潜力，而企业实力的壮大又反哺金融市场，为金融机构和投资风险机构等部门提供资本升值空间，这样金融与科技相互促进必然提高科技金融效率。

（4）资本市场

河南省的资本市场虽然发展迅速，但由于起步较晚，体制机制还不够完善。我国有关资本市场对科技创新的作用的研究并不成熟，但国外已有很多相关文献论证了资本市场对科技创新的促进作用。本书在借鉴已有相关研究成果的基础上，继续深入分析资本市场与科技创新之间的关系。从企业生命周期来看，企业在成立之初，多属于中小型科技企业，由于缺少金融机构贷款所需的抵押固定资产，融资成为企业发展的瓶颈，而资本市场在高收益的驱动下，能够汇集大量社会资金，使投融资机构、民间资本流向成长型企业，缓解企业融资难的问题。因此资本市场的发展程度必然影响科技与金融的融合效率。

(5) 科技人才

人才是推动社会发展和进步的重要因素，企业的经营运作、管理决策、技术创新都要通过人才这一要素来实现。在竞争日趋激烈和发展变革迅速的科技时代，要想在众多企业中脱颖而出，拥有高端技术人才是关键，企业拥有高技术人才才能研发高技术产品、创造发明专利，才能在某个领域掌握主动权。因此，企业要想突破某领域的技术难题，独自掌握高端核心技术，需注重人才的培养和引进，人才资源的利用情况将直接影响企业的科技产出。

上文从宏观角度分析了科技金融的主要影响因素，要准确判断影响科技金融融合效率的因素及各因素对科技金融效率的影响程度，需要将各影响因素转化为解释变量，借助量化模型进行研究。本书根据河南省科技金融发展的实际情况、科技金融效率值的特点，选取 DEA-Tobit 二阶段模型对科技金融效率的影响因素进行量化。

5.4.2 Tobit 模型基本原理

Tobit 模型即截取回归模型，是回归分析模型中的一种，最初由美国著名经济学家 Tobin 于 1958 年提出。Tobin 发现回归模型中的被解释变量在某种情况下的取值并不是任意的，而是存在上限、下限或者极值的情况，也就是说，Tobit 模型中的被解释变量的取值是片段值（Tobin，1958）。该模型适用于解决因变量的取值受限的情况，这种特性深受广大研究者的喜爱，Heckman（1974）利用该模型研究了女性工资高低的影响因素。河南省科技金融的融合效率取值在 0~1，若将科技金融效率看作被解释变量，该变量的取值属于受限值，不能取到 0~1 之外的数值，由于被解释变量的取值过小，若使用参数最小二乘法（OLS）估计各解释变量对科技金融效率的影响程度，参数估计值是有偏的（周华林，2012），相比之下 Tobit 模型更适合测量科技金融效率的影响因素。该模型在对回归系数进行估计时采用最大似然估计法，能使模型参数估计具有无偏性。将 DEA 方法所得结果用作 Tobit 模型的被解释变量的方法被称为 DEA-Tobit 二阶段法，此方法已有学者在研究中应用过，如高璇（2013）运用这种方法对低碳经济板块上市公司的投资效率进行了研究；蒋芳（2015）运用此方法对城市商业银行的效率进行了研究。

Tobit 模型由两部分组成：一是表示约束条件的选择方程模型；二是满足约束条件的某连续变量方程模型。

$$y_i^* = x_i\beta + \mu_i \quad \mu_i \sim N(0,\ \sigma^2) \tag{5-10}$$

$$y_i = \begin{cases} y_i^*, & \text{if} \quad y_i^* > 0 \\ 0, & \text{if} \quad y_i^* \leqslant 0 \end{cases} \tag{5-11}$$

在 Tobit 模型中，隐变量 y_i^* 的值不能被全部观察到，y_i^* 的非正值全部取为 0。也就是说，y_i^* 在 0 点被截断了，称左截取（Left Censored），在模型应用时不能直接将因变量取值为非正的样本剔除掉，这样会影响模型估计的准确性。该模型在应用中被改进，截取点可以是 0 点以外的任何点，于是模型可以表达为以下形式：

$$y_i = \begin{cases} \underline{c}_i, & \text{if} \quad y_i^* \leqslant \underline{c}_i \\ y_i^*, & \text{if} \quad \underline{c}_i < y_i^* < \bar{c}_i \\ \bar{c}_i, & \text{if} \quad \bar{c}_i \leqslant y_i^* \end{cases} \tag{5-12}$$

式（5-12）中，$\underline{c}_i$ 代表左截取点，$\bar{c}_i$ 代表右截取点，取值可以是任意常数。如果样本数据中不存在左截取点，此时 $\underline{c}_i$ 可以取 $-\infty$；如果样本数据中不存在右截取点，此时 $\bar{c}_i$ 可以取 ∞。Tobit 模型的标准形式是存在左截取点 0，无右截取点（Right Censored）。

5.4.3 变量选取

在对河南省科技金融效率的影响因素进行分析后，本书从政府、企业、金融机构、科技人才、资本市场五个方面选取相应的指标作为 Tobit

模型的自变量。

（1）科技型企业与其他企业的不同之处在于前期资本投入大，但产出存在滞后性，这使得企业在发展过程中需要大量的资金支持，而这种较长的投资期限和发展的不确定性导致企业很难通过银行等金融机构获得贷款，尤其是刚刚成立的中小型科技企业，面对巨大的研发投入和较少的固定资产，企业发展举步维艰，这时政府的财政支持和帮扶政策尤为重要。本书选取地方财政科技支出占地方财政支出的比重（X_1）（章思诗、李姚矿，2017）这一指标来反映政府支持力度。由于政府部门出台的各种保障和协调政策很难进行量化，因此本书未选取帮扶政策作为 Tobit 模型的自变量。

（2）科技创新成果的完成需借助企业这一载体来实现，企业对科技创新的资金投入越多、企业发展规模越大对科技金融效率的促进作用越强。企业研发经费的投入越多，越能引进更多的科技人才、生产和实验设备，越能应用更先进的技术手段，从而产出更多的科技产品。本书选取企业 R&D 经费投入强度（X_2）这一指标来反映上述情况（王雷、党兴华，2008）。当企业规模发展到一定程度后，企业产出会存在规模效益现象，因此企业的规模与科技金融效率之间存在必然联系。高技术企业是企业规模扩大化的产物，科技成果的转化要在高技术企业中实现和完成，因此本书选取高技术企业利润总额占 GDP 的比重（X_3）来反映企业规模效应对科技金融效率的影响（芦锋，2015）。

（3）我国金融机构存在多种形式，但商业银行始终是金融机构的主要形式，资金的流通和借贷是商业银行最基本的职能。随着商业银行数量的不断增加，金融市场变得越发活跃，金融机构的社会效益越发显著。有学者运用省际面板数据论证了金融与经济增长之间的关系（田卫民，2017），本书借鉴相关学者的研究成果，选取地方金融机构年底各项贷款余额占 GDP 的比重（X_4）来反映金融对科技产出的影响。

（4）科技是推动生产和发展的第一要素，科技资源的合理配置与利用直接关系到投入与产出的效率。在推动科技创新发展的过程中，先进的技术水平能够激发科技要素创新成果转化，使内生因素外化为科技产品，这一过程的实现离不开科技人员的实践与管理。本书选取 R&D 人员折合全时当量（X_5）来反映科技金融融合过程中的科技人才投入情况。

（5）创业风险投资机构、新三板市场作为资本市场的构成主体，为中小型科技企业的发展提供了良好的融资环境。河南省创业风险投资机构数量逐步增加，2016 年河南省创业风险投资机构数量为 20 家，与 2001 年相比年平均增长率为 16.68%，增长速度较快，虽然与北京、江苏等地相比还存在较大差距，但风险投资机构的兴起促进了科技成果创新。2016 年河南省技术市场合同成交额为 592419 万元，与上一年相比增长了 30%，资本市场的变化为科技企业发展注入了新的力量。由于新三板市场属于新兴市场，而本书研究中所选取的时间范围为 2001—2016 年，新三板市场不符合研究的时间跨度，因此，本书选取风险投资机构数量（X_6）这一指标来反映资本市场对科技金融效率的影响。

Tobit 模型各变量见表 5-6。

表 5-6　Tobit 模型变量

被解释变量	解释变量
科技金融综合效率（Y）	X_1：地方财政科技支出占地方财政支出的比重（%）
	X_2：企业 R&D 经费投入强度（%）
	X_3：高技术企业利润总额占 GDP 的比重（%）
	X_4：金融机构年底各项贷款余额占 GDP 的比重（%）
	X_5：R&D 人员折合全时当量（万人/年）
	X_6：风险投资机构数量（家）

5.4.4　描述性统计分析

为全面了解河南省科技金融发展情况，本书对 2001—2016 年的河南省科技金融综合效率、影响河南省科技金融效率的各自变量进行描述性统计分析，利用 Excel 软件得到如表 5-7 所示的结果。

表 5-7　河南省科技金融效率相关变量的描述性统计分析

变量名称	样本量	最大值	最小值	平均值	标准差
科技金融综合效率值	16	1	0.642	0.9126	0.1210
地方财政科技支出占地方财政支出的比重（%）	16	1.4	1.17	1.27	0.0691
企业 R&D 经费投入强度（%）	16	1.0605	0.2485	0.6198	0.2962
高技术企业利润总额占 GDP 的比重（%）	16	1.0990	0.1357	0.5039	0.3482
金融机构年底各项贷款余额占 GDP 的比重（%）	16	93.5198	57.2914	75.6358	11.3802
R&D 人员折合全时当量（万人/年）	16	17.3265	3.6138	9.3180	4.9484
风险投资机构数量（家）	16	20	2	9.125	4.3031

从表 5-7 可以看出，河南省科技金融综合效率的平均值为 0.9126，说明河南省科技金融效率虽然没有达到最理想状态，但发展态势良好；最小值为 0.642，最大值为 1，极差为 0.358，说明河南省科技金融在发展过程中出现过较为严重的不均衡现象。

地方财政科技支出占地方财政支出的比重方面，平均值为 1.27%，这一数据结果与全国财政科技支出占财政支出的比重相比还有较大的提升空间；最大值为 1.4%，最小值为 1.17%，标准差为 0.0691%，说明河南省科技金融财政投入强度较为稳定，各年间没有明显的差异，但河南省需通过加速发展地方经济来提升财政科技投入力度。

企业 R&D 经费投入强度和高技术企业利润总额占 GDP 的比重方面，标准差分别为 0.2962%和 0.3482%，说明这两项指标在各年的投入和产出方面波动不是特别明显，但平均值分别仅有 0.6198%和 0.5039%，反映出河南省科技金融发展过程中企业经费投入强度并不高，高技术企业利润产出水平也不够理想，因此在发展过程中应引导企业加强对科技的重视程度，同时要采取有效措施激发科技创新成果的产出水平。

金融机构年底各项贷款余额占 GDP 的比重方面，平均值为 75.6358%，说明河南省金融机构的贷款规模较为理想，科技金融发展拥有良好的金融市场保障。但最大值为 93.5198%，最小值为 57.2914%，标准差为 11.3802%，可以看出，金融机构的贷款规模各年之间有较大的差异，金融贷款政策的调整、金融机构的进入或退出这些不确定因素都将对科技金融效率产生影响。

R&D 人员折合全时当量方面，最小值为 3.6138 万人/年，最大值 17.3265 万人/年，标准差为 4.9484 万人/年。由此可以看出，科技人才这一要素已经被各企业广泛重视，企业开始注重人才选拔和引进，在个别年份企业通过大量的科技人员投入带动科技成果产出。

风险投资机构数量方面，河南省创业风险投资机构数量从最小值 2 家发展到最大值 20 家，取得的进步和发挥的社会效益是值得肯定的，但创业投资氛围并不浓厚。为加快创业投资机构的发展，政府等相关部门应出台尽可能多的鼓励政策。

5.4.5 Tobit 模型结果及分析

为了具体测量河南省科技金融效率的影响因素以及各因素的影响程度，本书以 2001—2016 年河南省科技金融的 DEA 综合效率值为被解释变量，从政府、企业、金融机构、科技人员、资本市场五个主体方面选取了如表 5-6 所示的解释变量，建立 DEA-Tobit 模型：

$$y_t^* = \sum_{j=1}^{r} \beta_j x_{tj} + \mu_t, \quad t = 1, 2, \cdots, n; \; j = 1, 2, \cdots, r \tag{5-13}$$

$$y_t = \begin{cases} 0, & \text{if} \quad y_t^* \leqslant 0 \\ y_t^*, & \text{if} \quad 0 < y_t^* < 1 \\ 1, & \text{if} \quad 1 \leqslant y_t^* \end{cases} \tag{5-14}$$

模型中，由于因变量取值全部在 0~1，所以将 Tobit 模型中的左截取点设置为 0，右截取点设置为 1。其中，y_t^* 为模型中第 t 个样本的隐变量；y_t 为第 t 个样本的河南省科技金融融合效率值；n 为模型中的样本数，本书选取 2001—2016 年的时间序列作为样本，因此样本数 $n=16$；r 为自变量个数；x_{tj} 为第 t 个样本的第 j 个自变量；β_j 为第 j 个自变量的回归系数；μ_t 为随机干扰项。

本书借助 EViews 8.0 软件录入因变量、自变量各项指标数据后，采用 Tobit 模型对其进行分析，得到的结果见表 5-8。

表 5-8　河南省科技金融效率的影响因素 Tobit 模型分析结果

被解释变量	解释变量	回归系数	标准误差	P 值
科技金融效率	C	-0.3163	0.8829	0.7201
	X_1	0.1340	0.5096	0.7835
	X_2	-1.5557	0.5876	0.0081
	X_3	-0.3513	0.4336	0.4178
	X_4	0.0183	0.0058	0.0016
	X_5	0.1269	0.0469	0.0068
	X_6	-0.0302	0.0168	0.0731
对数似然函数值=8.7585　残差平方和=0.0296				

资料来源：《河南统计年鉴》《中国高技术产业统计年鉴》《中国创业风险投资发展报告》，其中企业 R&D 经费投入强度指标数据在相关指标数据的基础上整理得到。

从表 5-8 可以看出，Tobit 模型中的残差平方和为 0.0296，对数似然函数值为 8.7585，模型拟合效果较好。

地方财政科技支出占地方财政支出的比重（X_1）与河南省科技金融效率之间的回归系数为 0.1340，P 值为 0.7835，在 10%的显著性水平下没有通过显著性检验，该指标与河南省科技金融效率不相关，这一结果与李林汉等（2018）运用三阶段 DEA-Tobit 模型对全国各地区科技金融效率的影响因素分析结果一致。这表明随着经济和金融市场的发展与演变，单纯地依赖政府资金并不能显著地提高科技与金融的融合效率，一味地增加财政科技投入很可能造成金融冗沉。财政科技投入主要服务于各类科研项目，尤其是高等学校的科研项目占据较大比例，然而由于各科研项目之间存在交叉重叠现象，且很多研究成果仅停留在理论层面，实际应用较少，政府财政科技拨款资本化现象盛行（王仁祥、杨曼，2017），造成财政科技拨款逐年增加，但科技金融效率并未得到显著提升，因此提高科技金融效率应合理配置各金融资源投入，调整财政科技投入的比例，落实和完善各项科研政策和相关的法律制度，使财政科技拨款真正发挥其作用（余泳泽，2011）。

企业 R&D 经费投入强度（X_2）的回归系数为-1.5557，P 值为 0.0081，在显著性水平为 1%的条件下，与河南省科技金融效率呈显著负相关关系，企业 R&D 经费投入强度（X_2）平均每增加 1 个百分点，科技金融效率降低 1.5557 个百分点，影响程度较大。这种负相关关系表明在现有的资源配置下，企业自有资金科技投入强度的增加并不利于科技金融效率的提高，反而起到抑制作用，企业科技创新中的资金投入存在浪费现象。企业在科技发展过程中资金投入强度与企业发展所处阶段存在密切联系，在企业成立之初，必然需要大量的科技资金投入，当企业发展进入成熟阶段后，前期的资金投入开始逐步转化为科技成果，企业应在这方面加强运作，如果这一阶段企业仍只注重资金的投入，科技成果产出便会被忽视，二者呈反方向发展。

高技术企业利润总额占 GDP 的比重（X_3）的回归系数为-0.3513，P 值为 0.4178，在 10%的显著性水平下没有通过显著性检验，说明河南省高技术产业发展对科技创新的影响作用并不显著。这与高技术产业产出的滞后性存在一定的关系，政府应加强高技术产业建设和管理，提高高技术产业的社会效益。

金融机构年底各项贷款余额占 GDP 的比重（X_4）的回归系数为 0.0183，P 值为 0.0016，在 1%的显著性水平下通过显著性检验，与河南省科技金融效率之间存在正相关关系，金融机构年底各项贷款余额占比平均每增加 1 个百分点，科技金融效率提升 0.0183 个百分点，影响程度较小。长期以来，科技融资一直困扰着科技型企业，政府资金、企业资金和科技信贷成为科技创新的重要资金来源。各类金融机构的兴起、互联网金融的出现、政府科技贷款政策的引导加剧了传统金融机构科技贷款的竞争，使得科技型企业融资渠道变得更加广泛，于是在科技创新过程中企业能从金融机构获得更多的科技贷款（王亚丽、孟祥生，2015），科技融资渠道变得更加顺畅，科技金融效率得到提高。

R&D 人员折合全时当量（X_5）的回归系数为 0. 1269，P 值为 0. 0068，在 1%的显著性水平下通过显著性检验，与科技金融效率呈显著正相关关系，对科技金融的促进作用较为明显，R&D 人员折合全时当量每增加 1 个单位，科技金融效率提高 0. 1269 个单位。这一结果说明在河南省科技金融资源配置过程中，高技术人员依然是科技创新的决定性因素（程贵，2011），R&D 人员折合全时当量越大，越有利于科技创新产出，科技金融的融合效率也越高。河南省科技金融在保证金融资源供给充分的情况下，应注重科技成果转化所需的人力资本和技术条件，人力、物力、财力有效结合才能使科技与金融融合效率最大化。

创业风险投资机构数量（X_6）的回归系数为-0. 0302，P 值为 0. 0731，在 10%的显著性水平下通过显著性检验，与河南省科技金融效率之间呈负相关关系，创业风险投资机构数量每增加 1 个单位，科技金融效率平均下降 0. 0302 个单位。这一结果与资本市场对科技金融效率的促进作用并不吻合，说明河南省创业风险投资机构在科技投资领域没有真正发挥其作用，反而抑制了科技金融效率的提高，政府需加强对创业风险投资机构的管理。

DEA-Tobit 回归结果显示，随着河南省科技金融发展体系的逐步完善，财政科技投入已不是影响科技金融效率的主要因素，且高技术产业的作用没有得到充分发挥。河南省科技金融融合过程中企业 R&D 经费投入、金融市场规模、科技人员投入、资本市场发展情况是影响科技金融效率的重要因素，其中金融市场规模和科技人员投入对科技金融效率产生积极的促进作用，而企业 R&D 经费投入和资本市场的发展反而降低了科技金融效率。

5.5 本章小结

在参考相关研究文献的基础上，本章结合河南省地方实际发展情况以及数据的可获得性，选取了7项指标构建评价河南省科技与金融融合效率的评价体系，其中反映科技发展过程中金融投入情况的有3项指标，反映金融投入带来的科技产出情况的有4项指标。在查阅相关统计资料后，本书收集了2001—2016年的科技金融发展评价指标数据，并对其进行了预处理。在对河南省科技金融融合效率进行实证分析时，本书选取了DEA方法中的CCR模型和BCC模型。实证结果表明，河南省在加大科技金融投入的同时，科技产出水平并没有达到最佳状态，存在规模非有效的情况，在后续发展中可以从科技金融投入方式、科技金融组织体系以及科技金融产品创新三个方面对此进行适度调整。

本章利用DEA方法度量了河南省科技金融融合效率后，为量化分析河南省科技金融融合效率的影响因素，选取二阶段DEA-Tobit模型，将2001—2016年的河南省科技金融综合效率作为被解释变量，从政府、企业、金融机构、科技人员、资本市场五个方面选取了6项指标作为解释变量进行实证研究。实证结果表明，财政科技投入不再是河南省科技金融效率的影响因素，影响河南省科技效率的主要因素为企业R&D经费投入强度、金融机构年底各项贷款余额占GDP的比重、创业风险投资机构数量、R&D人员折合全时当量。

第 6 章

科技金融对河南省高技术产业的影响

我国经济处于结构调整期，如何保持经济的高速发展，是我国急需解决的重大问题之一。高技术产业作为知识、技术密集型产业，为我国产业结构转型与国民经济发展提供了强大的推力。党的十九大报告指出，发展高技术产业有助于我国产业结构转型升级。高技术产业以科技创新为核心，依托于科研领域的高额投入。同时，高技术企业具有高投入、高产出、高风险等特点，存在很大的不确定性，导致其在融资环节存在较大的困难，从而阻碍了高技术产业的科技创新能力与产业的良性发展。因此，科技金融作为解决问题的重要途径应运而生。科技金融与科技创新的深度融合，为高技术产业提供了最基础的发展动能，同时拓宽了高技术产业的发展空间，有助于实体经济的回暖与进一步发展。在科技金融的支持下，高技术产业取得了良好的发展。

河南省的高技术产业发展还比较落后，传统产业在河南省仍然占据着相当大的比重。同时，河南省经济发展在全国范围内处于较为落后的位置，高技术产业作为经济附加值较高的产业，较为适合河南省的发展现状，也是近年来各方重点扶持的领域之一。本书结合历年河南省高技术产业的发展情况，从科技金融对高技术产业的投入产出比的影响的角度进行研究，阐述科技金融对河南省高技术产业的影响。

6.1 科技金融促进高技术产业发展的作用机制

(1) 资本形成机制

高投入是高技术产业的显著特征，也是高技术产业发展的源泉，资金不足会极大阻碍高技术企业的科技创新。金融市场与金融中介机构共同推动了高技术产业资本机制的形成。资本机制包括政策性金融纠错机制与商业金融利益竞争机制等。商业银行对资本盈利与资本安全的需求，与高技术产业高产出、高风险的特性存在天生的矛盾，因此产生了对政策性金融干预的需求。政府同样也不支持商业银行承担过度风险，因此政府在政策与信息等方面为高技术领域提供便利、调控风险、提出科学的支持方案，不断推动高技术产业发展。

(2) 风险分散机制

高技术产业往往伴随着高风险，财务风险、技术风险、市场风险等贯穿于技术创新的全阶段，成为制约高技术行业技术创新的重要阻力。科技金融具有分散风险的机制，金融市场与金融中介的介入，降低了高技术行业的各项风险，满足了其融资需求。科技金融通过将低收益、高流动性的资产与高收益、低流动性的资产相结合的方式，将风险有效分摊，并以研发结果的高回报性为抵押，广泛发行债券，实现风险与收益的有机平衡；通过调整不同投资者之间的资金流动性，实现风险的有效分摊。

(3) 信息公开机制

信息不对称是阻碍金融机构对高技术行业投资的因素之一。投资者因缺乏相关专业知识和获取信息的渠道受限，难以对高技术行业进行清晰有效的判断，只能依赖于专业机构对高技术企业进行有效的评估。科技金融成为连接金融机构与高技术产业的桥梁，一方面，金融机构能够通过科技金融及时获得相关信息，并借助相关专家的专业知识对信息进行深度分析；另一方面，金融机构可利用分析的结果对高技术投资项目的价值做出准确的评估与预测，为投资决策提供科学的指导。科技金融综合服务平台的建立，打通了投资者与高技术产业之间的信息壁垒，为高技术产业带来充沛的资金支持。

6.2　河南省高技术产业的发展现状

6.2.1　高技术产业的生产经营状况

根据《中国高技术产业统计年鉴》（2017），2015 年河南省高技术企业 1176 家，比 2014 年增加了 108 家；2015 年河南省高科技研发人员为 19117 人，较 2014 年同期的 18284 人有小幅增长，说明河南省在高技术人才的培养方面取得了一定的成效。尤其是 2015 年起开展的“智慧郑州人才引进计划”，吸引了大量高端人才落户郑州，为高技术企业发展提供了有力的人才保障。2015 年，河南省高技术产业主营业务收入为 6654 亿元，较 2014 年的 5293. 1 亿元有了较大的增长，增长率高达 25. 71%。2015 年河南省高技术产业利税为 684. 2 亿元，较 2014 年的 572. 5 亿元有较大增长，增长率为 19. 51%。以上两项指标的增长率均远超同期 GDP 增长速度。2015 年河南省高技术产业出口交货值为 2644. 7 亿元，较 2014 年的 2387. 6 亿元有稳步增长，增长率为 10. 76%，高于同期工业增加值增长率。总体上讲，2014—2015 年河南省高技术产业保持了良好的发展势头，取得了可观的成绩。

6.2.2　科技金融对河南省高技术产业发展的支持现状

（1）政府支持高技术产业发展的现状

河南省政府不断加大针对高技术行业的扶持力度，通过资本投入的方式推动科技创新领域的发展，鼓励高校与科研单位开展新项目的研发，推进科研进度，不断推动科研成果高速转化，并在实践中积极应用，形成经济效益，促进经济高质量发展。河南省政府不断加大对高技术产业的投入力度，高技术产业 R&D 经费内部支出中政府投入资金的比例连年增长。2015 年政府投入资金 22864 万元，较 2014 年的 20744 万元增长了 10.21%，极大地推动了河南省高技术产业的发展。

河南省不断推动人才引进机制的建立。自 2015 年起，河南省不断推动"智慧郑州人才引进计划"，给予高层次人才住房、生活补贴、科研经费等方面的支持，吸引了大批高级人才落户省内，为河南省高技术产业的发展提供了强有力的人才储备。

（2）金融机构促进高技术产业发展的现状

河南省内的科技金融支持力量主要以股份制的商业银行为主，由政府牵头，为响应国家科技部和银保监会的号召，共同推出了科技保险，并逐渐应用于高技术产业。其中，招商银行、兴业银行、平安银行等商业银行试水成立了科技金融子公司，并推出了招银云创、平安金融信用证等服务。同时，多家小额贷款公司也致力于为高技术产业提供金融服务，设计了多种金融产品信贷组合，建立了本地科技金融合作平台，成为中小型高技术企业成长发展的重要助力。2015 年，河南省高技术产业科技活动经费筹集额中金融机构贷款额达到了 16485 万元，较 2014 年的 15685 万元增长了 5.28%。

6.3 科技金融对河南省高技术产业发展影响的实证分析

发展高技术产业有利于推动河南省产业转型升级，有利于现代化产业体系的构建与完善。高技术产业的发展与高额的人力与资本投入紧密相关，研究金融资本投入变化对高技术产业发展的影响具有较强的现实意义。本书选用 1995—2015 年河南省高技术产业相关统计数据，分析科技金融对高技术产业发展的影响。

6.3.1　模型构建与变量描述

（1）模型构建

本书以柯布-道格拉斯生产函数作为基础来构建科技金融对高技术产业发展影响的计量模型。生产函数为：

$$\ln Y=c+\alpha_1\ln L+\alpha_2\ln E+\beta_1\ln X_1+\beta_2\ln X_2+\beta_3\ln X_3+\beta_4\ln X_4+\mu$$

其中，Y 代表高技术产业当年价总产值，L 代表 R&D 从业人员数，E 代表 R&D 经费内部支出中企业支出总额，X_1 代表高技术产业 R&D 经费内部支出中政府拨款额度，X_2 代表高技术产业科技活动经费筹集额中金融机构贷款额度，X_3代表风险投资管理资本总额，X_4代表高技术企业数量。分别用 α_1、α_2 来表示从业人员数与企业支出总额这两个变量的参数，分别用 β_1、β_2、β_3、β_4来表示财政科技拨款、金融机构科技贷款、风险投资和企业数量四个变量的参数。

（2）变量描述

第一，被解释变量。

本书选取河南省高技术产业主营业务收入（Y）作为被解释变量。因高技术产业是资金、服务、业务密集型产业，选取主营业务收入能够在一定程度上较好地反映高技术产业的发展水平。

第二，解释变量。

本书选取科技金融的相关指标作为解释变量：政府拨款额度 X_1、金融机构贷款 X_2。创业风险投资在高技术领域没有明确的投资数据，因此以风险投资管理资本总额全国数据（X_3）进行代替，代表风险投资机构对高技术企业投资的潜在规模。另外还有高技术企业数量 X_4。

第三，控制变量。

人才是科技创新发展的原动力，是最重要的投入要素之一。因此，高技术企业 R&D 从业人员的增减，在一定程度上会对高技术产业的产值产生影响。本书引入高技术产业 R&D 从业人员数（L）作为反映高技术企业人力资本投入量的指标，并作为一个控制变量加入投入要素。在高技术企业创立初期，其科研启动经费基本来自企业本身，而科研启动经费是决定高技术企业发展的重要因素之一，因此，加入 R&D 经费内部支出中企业支出量（E）作为一个控制变量来衡量企业对科技研发的投入力度。

6.3.2 数据描述统计

本书数据来自《中国科技统计年鉴》、《中国高技术产业统计年鉴》、中国经济与社会发展统计数据库 1995—2015 年的数据。

（1）河南省高技术产业主营业务收入情况

如图 6-1 所示，1995—2015 年河南省高技术产业主营业务收入呈持续增长态势，从 1995 年的 81.6 亿元增长至 2015 年的 6654 亿元。尤其在 2010 年后，高技术产业主营业务收入呈现快速增长的态势。

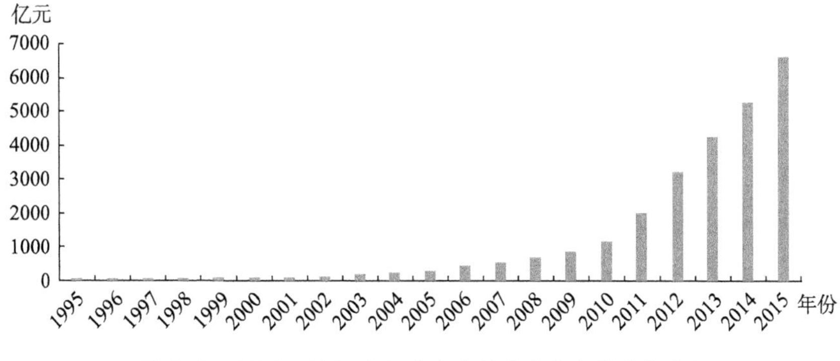

图 6-1　1995—2015 年河南省高技术产业主营业务收入

（2）河南省高技术产业 R&D 经费中政府拨款额度情况

如图 6-2 所示，河南省高技术产业 R&D 经费中政府拨款的额度呈整体上升趋势，从 1995 年的 172 万元增长至 2015 年的 22864 万元。

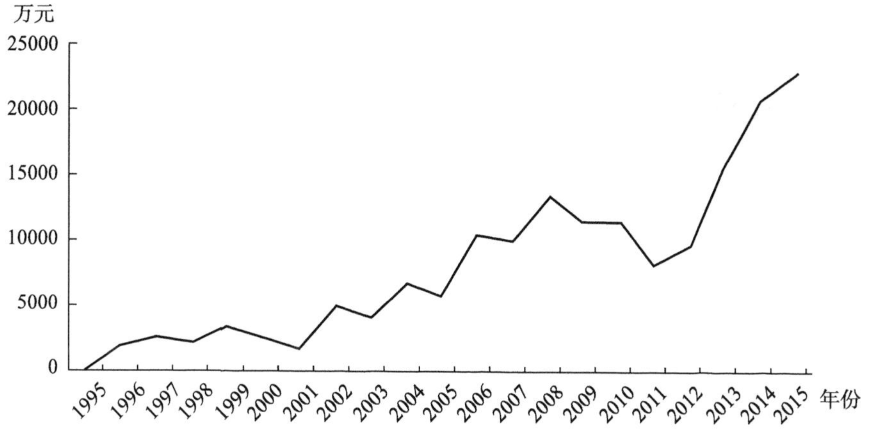

图 6-2　1995—2015 年河南省高技术产业 R&D 经费中政府拨款额度

（3）河南省高技术产业 R&D 经费中金融机构贷款额度情况

如图 6-3 所示，1995—2015 年河南省高技术产业 R&D 经费中金融机构贷款额度受当年金融政策影响较大，呈较为不规则的分布，但总体来讲，呈现增长的态势。

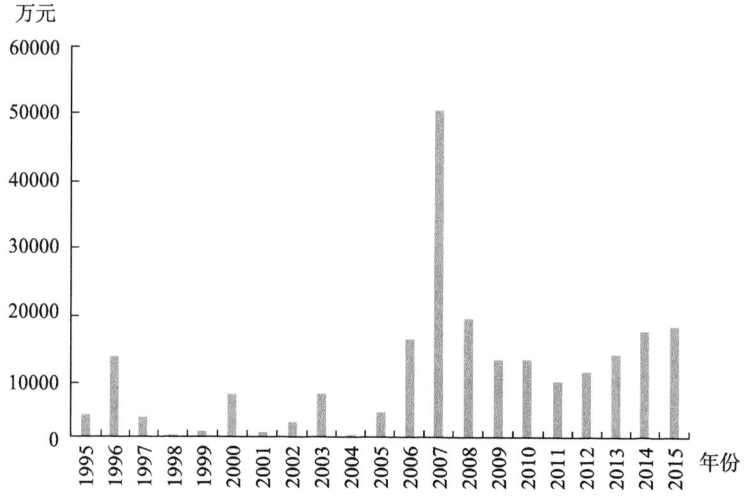

图 6-3　1995—2015 年河南省高技术产业 R&D 经费中金融机构贷款额度

6.4 实证结果及分析

（1）单位根检验

本书研究所用软件为 EViews，所用指标为 1996—2016 年的时间序列，为了消除异方差性，首先对所有变量进行了对数处理，然后对各序列进行平稳性检验，一般采用对变量进行单位根 ADF 检验的方法，可有效避免单位序列数据产生伪回归现象。单位根检验结果见表 6-1。

表 6-1　单位根检验结果

变量	原序列		一阶差分序列	
	t-Statistic	Prob.	t-Statistic	Prob.
$\ln Y$	2. 707376	1	-3. 031984	0. 0498
$\ln L$	1. 307286	0. 9972	-2. 572738	0. 1186
$\ln E$	-0. 123688	0. 9308	-4. 883631	0. 0016
$\ln X_1$	-3. 982801	0. 0069	-8. 118825	0. 0000
$\ln X_2$	-2. 616701	0. 1062	-5. 17944	0. 0007
$\ln X_3$	1. 693798	0. 9992	-3. 139144	0. 0405
$\ln X_4$	1. 078722	0. 9957	-2. 228290	0. 2038

（2）模型的运行结果分析

从表 6-2 可以看出，样本回归直线与样本观测值之间的拟合优度为 $R^2=0.990667$，说明该样本回归有 99. 1%的解释能力，即高技术产业当年总产值变动的 99. 1%可以通过解释变量做出解释，模型的拟合优度较好。在模型的显著性方面，在 90%的显著水平上，P 值为 0，说明样本回归模型总体显著。整体上各解释变量的回归系数都大于零，说明科技金融可以很好地促进高技术产业的发展。

表 6-2　回归模型参数估计结果

变量	系数	t-Statistic	Prob.
C	2. 288293	3. 132693	0. 0073
$\ln E$	0. 007710	0. 057805	0. 1547
$\ln L$	0. 860947	4. 163260	0. 0010
$\ln X_1$	0. 002787	0. 035300	0. 0723
$\ln X_2$	0. 029710	0. 764621	0. 2572
$\ln X_3$	0. 581354	3. 806239	0. 0019
$\ln X_4$	0. 241002	1. 354332	0. 1971
R-squared	0. 990667		
F-statistic	247. 6676		
Prob.	0. 000000		

第一，企业自身对高技术产业发展的影响。

变量 $\ln L$ 对变量 $\ln Y$ 的回归系数为 0. 860947，说明高技术产业 R&D 人员数量与高技术产业产值具有显著的相关性。人才储备始终是产业发展的原动力。随着高技术产业的不断发展，更多高水平人才加入高技术企业，不断加大的人力投入，一方面满足技术储备的需要，另一方面提高了实际生产的效率。

变量 $\ln E$ 对变量 $\ln Y$ 的回归系数为 0. 007710，表明高技术产业 R&D 经费内部支出对高技术产业产值增长起到了正向推动作用，但支持的力度尚显不足。企业自身资金的不断投入是科技创新的最根本动力，企业应时刻关注市场的需求，结合自身情况，不断开发投资价值较高的项目。高技术企业应紧抓国家对产业升级的迫切需求，准确把握市场竞争状况，提前占据有利位置，有效规避市场风险。企业应不断加大内部资金投入力度，培养高素质人才，不断完善内部管理，创造良好的科创环境，提高成果转化率，提升产品的获利能力，形成良性循环。

第二，政府财政对高技术产业发展的影响。

变量 $\ln X_1$ 对变量 $\ln Y$ 的回归系数为 0. 002787，表明政府财政对河南省高技术产业的发展起到了正向引导作用，但仍需进一步加大投入的力度。河南省政府应积极加大拨款力度，不断缓解企业资金压力，并为中小型科技企业提供融资支持；不断向企业提供税收返还及创新项目补贴等优惠政策；为企业融资提供担保机制，提高风险投资对高技术企业的投入力度。

第三，金融机构贷款对高技术产业发展的影响。

变量 $\ln X_2$ 对变量 $\ln Y$ 的回归系数为 0.029710，表明金融机构贷款对高技术产业的发展起到了一定的推动作用，但扶持力度稍显不足，银行等金融机构为高技术产业提供的科技贷款与企业的需求之间存在一定的差距。总体来讲，金融机构对高技术产业的投入呈不断增长趋势，贷款额度在 2007 年达到峰值，并在 2007 年前后形成了较为明显的反差。随着 2007 年短暂牛市的到来，以及随后长达 10 年的熊市，银行减少了对科技贷款的支持。随着房地产市场的不断崛起，大量的资金涌入楼市，并在短期内取得了良好的增值，使得各金融机构调整了对其他行业的预期，更加剧了高技术产业的融资压力。

第四，科技资本市场对高技术产业发展的影响。

变量 $\ln X_3$ 对变量 $\ln Y$ 的回归系数为 0.581354，说明风险投资管理资本总额与高技术产业产值具有显著的相关性，即科技资本市场投入额的增加明显促进了河南省高技术产业的发展。风险投资一向热衷于对技术密集型产业进行投资，其追求与具有发展潜力、回报率较高的新概念领域进行合作。高技术产业的产品研发、投产运营、市场开拓、产品推广等都不同程度得到了风险投资的支持。2002 年至今，风险投资经历了高速发展阶段，机构数量与投资总额均呈快速发展态势，并在健全机制、稳定发展、提升规模等方面进行了一系列的调整，使资金配置得到了最有效的管理，不断促进高技术产业的良性快速发展。

第五，企业数量对高技术产业发展的影响。

变量 $\ln X_4$ 对变量 $\ln Y$ 的回归系数为 0.241002，表明高技术企业数量与高技术产业发展具有一定的相关性。集聚效应是常见的经济效应之一，产业的集聚效应是有利于产业发展的重要因素。如美国的硅谷，集聚了全球顶尖的 IT 企业，对全球的科技发展起到了关键性的作用。再如中国浙江义乌，集聚了小家电、小商品等市场，成为了全球小商品的源头供货地。同时，江苏的昆山也发挥了产业集聚的优势，整合了大量一流的代加工企业，成为全球重要的代加工基地。通过集聚效应，产业内的企业可以在一定程度上实现对知识、技术的传播与共享，取得“1+1>2”的增值效果。因此，河南省应积极扶持各类高技术企业落户本地，并积极促成产业集聚效应的产生，开辟相关产业园区，不断促进高技术产业良性发展。

6.5　本章小结

综上所述，首先，本章揭示了科技金融促进高技术产业发展的作用机制，主要包括资本形成机制、风险分散机制、信息公开机制。科技金融支持高技术产业也取得了一定的成效：一方面，河南省政府加大了对高技术产业 R&D 经费的投入，人才引进机制也不断完善；另一方面，河南省金融机构不断创新科技金融产品，保驾护航本地高技术产业发展，并搭建科技金融合作平台，助力当地中小型高技术企业成长。其次，本章具体分析了河南省 1995—2015 年政府拨款额度、金融机构贷款、风险投资管理资本总额全国数据、高技术企业数量、高技术产业 R&D 从业人员数、高技术产业主营业务收入的情况。具体表现为：高技术产业主营业务收入快速增长；高技术产业 R&D 经费中政府拨款的额度整体不断上升；高技术产业 R&D 经费中金融机构贷款额度虽分布不规则，但总体上呈不断增长的态势。最后，本章构建柯布-道格拉斯生产函数，选取政府拨款额度、金融机构贷款、风险投资管理资本总额全国数据、高技术企业数量为解释变量，以高技术产业 R&D 从业人员数作为控制变量，以河南省高技术产业主营业务收入作为被解释变量，计量科技金融对高技术产业发展的影响；

通过构建回归模型的方法，对 1995—2015 年相关数据进行分析，研究科技金融对高技术产业发展的影响。结果表明，人才引进对于高技术产业发展具有显著的促进作用，其变量系数为 0. 860947。企业内部投资不足，对高技术产业的推动作用较小，变量系数为 0. 007710。河南省政府财政支持对河南省高技术产业的发展起到了正面引导作用，变量系数为 0. 002787，但仍需积极加大拨款力度，并在政策、信用担保等方面继续提供支持。金融机构贷款对高技术产业的发展起到了一定的推动作用，但扶持力度不足，变量系数为 0. 029710，河南省应不断加大金融机构对高技术产业的扶持力度。科技创新风险投资管理资本总额与高技术产业发展具有显著的相关，变量系数为 0. 581354，即科技资本市场投入额的增加明显促进了河南省高技术产业的发展。高技术企业数量与高技术产业发展具有一定的相关，变量系数为 0. 241002，因此，河南省应积极扶持产业进行规模化、集中化发展，产生集聚效应。

第 7 章

国内外科技金融发展模式研究

国内外比较成熟的科技金融发展模式有四种，即资本主导型模式、银行主导型模式、政府主导型模式和民间主导型模式（马卫刚，2014），代表性国家有美国、德国、韩国等。国内北京、苏州、广州等城市的科技金融发展模式也比较成熟。因此，本章通过分析国内外科技金融发展模式，来构建适合河南省的科技金融发展模式。

7.1 国外科技金融发展模式

7.1.1 美国科技金融发展模式

7.1.1.1 美国旧金山科技金融发展模式——资本主导型模式

（1）旧金山科技金融中心发展概况

美国的旧金山科技金融中心是美国最重要的科技中心，位于美国加利福尼亚北部、美国西岸中点的旧金山湾区。旧金山湾区总面积约 18000 平方千米，总人口约 800 万，是美国第四大、西海岸第二大都会区。世界著名的高科技研发基地和风险投资天堂——硅谷位于旧金山湾区南部。其经济实力非常雄厚，世界 500 强企业中有 31 家位于湾区，比如苹果、微软、谷歌、雅虎、英特尔、特拉斯等。在伦敦金融城“全球金融中心指数”中，旧金山湾区是美国第四、全球第十五的国家金融中心，是美洲银行、太平洋岸证券交易所、富国银行和旧金山联邦储备银行等众多国家金融机构总部的所在地。与此同时，旧金山湾区还是创业风险投资的发源地，其风险投资量超过了美国创业风险投资总量的40%，是全球创业风险投资密度最高的区域之一。因此，旧金山湾区的核心金融区域也被誉为“西部的华尔街”。

（2）旧金山科技金融中心资本主导型模式的特点

旧金山科技金融中心资本主导型发展模式指以市场配置、优化科技资源和金融资源为核心，充分发挥科技金融资本的主导作用，尤其是创业风险投资和资本市场的作用，政府只提供辅助作用的发展模式。当科技企业产生融资需求时，科技金融机构就创造出与之匹配的科技金融产品与服务，来满足科技企业的融资需求，科技金融中心也得以快速发展。之后，科技企业又会产生进一步的需求，对科技金融中心的发展提出更高的要求。总之，在资本市场的主导下，科技与金融良性互动。

在资本主导型模式中，市场供给者主要有科技股权投资机构和专业性的科技信贷机构，它们以风险投资、科技银行、纳斯达克资本市场构成的科技资本市场为纽带，相互促进、共同发展，科学合理地进行科技金融资源的配置，以满足科技企业在技术发现、成果应用、产业化以及市场推广等各个发展阶段的融资需要与金融需求。美国资本主导型模式是具有鲜明市场特色的发展模式。

1）科技金融中心发展的主力是创业风险投资

20世纪60年代至70年代，在硅谷新技术革命的带动下，创业风险投资快速兴起，这是一种新型的集融资、投资、管理和资本退出于一身的融资契约安排。创业风险投资不仅可以确保高端技术在全球的领先地位，而且可以促进国内其他高技术产业的发展，迅速推动了旧金山科技金融中心的发展。风险投资是一种高风险偏好的融资契约创新和权益类投资制度创新，综合使用了许多新型的金融工具和投资方法，如可转化债券、股票、可转换优先股等，其中可转换债券和可转换优先股统称为可转换证券。风险投资行业充分利用可转换证券，激励企业家和风险投资家共同努力。硅谷的风险投资对众多企业家和风险投资家具有非常强的吸引力，美国风险投资总额40%以上资本的都集聚在硅谷。

创业风险投资的形式较多，其中比较特殊和创新的是天使投资（Angel Investment）。这是一种具有公益性质的风险投资，指风险投资家利用自有资金满足创业者的初始资金需求，这些风险投资家被称为天使投资人。在硅谷成功的过程中，有无数天使投资人做出了自己的贡献。在天使投资成为风险投资的重要组成部分的同时，硅谷的科技创新产业也得到了飞速的发展，无数的创业者因为有了初始资金支持，从一项新技术或新产品起步，在天使投资的推动下，使初创企业逐步成长为举世闻名的大企业。天使投资已成为硅谷科技创新的核心组成部分，一批以众筹融资平台为代表的具有创新活力的天使投资服务组织大量涌现出来，极大地促进了硅谷互联网金融的发展。这些组织不断创新投融资方式，通过收集和信息监管，将信息公开在众筹融资平台上，降低了创业者与天使投资家之间的信息不对称程度，不仅丰富了天使投资的形式和业态，更重要的是提升了天使投资的效率。

2）专业化的科技银行是科技金融中心发展的有效补充

科技金融中心的发展离不开专业化的科技银行的支持。在很多公司创业初期，资产很少，缺少厂房、机器等可抵押物，很难通过抵押贷款的方式获得商业银行的融资。美国硅谷地区的商业银行在长期的探索中寻找到了解决初创企业融资难的办法，即成立科技银行——硅谷银行。硅谷银行（Silicon Valley Bank，SVB）是一家专门为中小型科技企业提供金融服务，将市场和目标客户群定位为科技企业的银行。硅谷银行在产品设计、市场定位和风险监控等方面结合了科技企业的特点进行了业务创新。

硅谷银行的目标客户主要有两类：第一类是资金的需求方——中小型科技企业；第二类是资金的供给方——风险投资机构和天使投资者。硅谷银行的业务收入中有80%以上来自这两类客户群体。硅谷银行为这两类客户定制了专业的金融产品或服务，以满足不同发展阶段的中小科技企业的融资需求，并且制定了各种监管措施来降低金融风险。硅谷银行有专门的营销团队，他们具有专业的科技金融知识，可以为客户群体提供特色化服务，帮助企业识别项目风险，提供降低或控制风险的建议或对策。硅谷银行对服务于各个企业多年的历史数据进行整理，设计开发出了一套信贷风险评估模型。这是一个动态模型，可以依据每年的最新数据，不断调整和修正，可以对风险和资产进行定价和组合，使各个企业获得最大的收益。这些措施使硅谷银行的不良贷款率始终低于1%，在收获了巨大的经济效益的同时，也极大地促进了硅谷科技型创业企业的快速发展。

3）完善的资本市场实现了科技金融资本的良性循环

在风险投资的推动下，硅谷的发展十分迅速，但科技创业在到达发展高峰的同时，也带来了机遇和挑战：一是科技创业企业逐渐进入成熟期，对资本的需求越来越大，其希望通过出售企业股权来换取所需资本。二是科技创业企业对资本的需求增加带动了美国资本市场的发展，尤其是多层次资本市场。美国的多层次资本市场由全国性市场和区域性市场、主板市场与二板市场、场内市场和场外市场、传统证券市场和衍生产品市场构成，这是一个投融资无缝对接的资本市场。美国的证券市场结构分为五层，是全世界最大最完善的资本市场，不仅包括纽约证券交易所、纳斯达克市场（NASDAQ）等全国资本市场，还有太平洋交易所、波士顿交易所、中西交易所、费城交易所等区域性资本市场。具体来说，第一层是主板市场，包括纽约证券交易所、纳斯达克市场等；第二层是二板市场，包括纳斯达克小型市场、美交所等；第三层是各区域证券市场，包括芝加哥、波士顿等地区的证券市场；第四层是全国性 OTC 市场，包括粉单市场和黄单市场等；第五层是地方性柜台市场，如各州的柜台市场。这个市场体系不仅是多层次的，而且是多元化和多重覆盖的，因为不同的市场针对的企业类型不同。市场投资风险从第一层到第五层逐渐增大，发行上市的条件逐级降低，市场流动性逐级变弱。在整个资本市场发展中，中介机构的作用非常大，它们承担着披露上市公司信息的重要责任，作为上市企业的保荐人，它们承担的连带责任也不断加大，监管部门也非常重视对做市商和保荐人的监管。

4）新型孵化器是科技与金融深化结合到较高程度的体现

硅谷的新型孵化器是金融资本与科技服务的深度融合，其具有两个特点：一是由旧的孵化器转变而来，新旧孵化器各有分工，旧孵化器负责向创业者们提供“硬件支持”，新孵化器负责提供“软件服务”；二是新型孵化器主要为创业者提供融资服务，将创业项目与投资者联系在一起，为成长期的创业者解决融资难题，在天使投资领域发挥巨大的作用。硅谷比较著名的孵化器有 Combinator 和 Startups，这些机构拥有独特的创新机制，它们的产业结构和对创新资源的集聚能力引领着世界的发展潮流。

新型孵化器的运营机制创新表现在三个方面，即对创业者的培训、提供天使资本和对创业项目的后续支持。第一，在创业初期，新型孵化器会为创业者提供相关的培训，投资人和创业导师都要参与到创业项目中，为创业企业提供有价值的建议，提高融资成功的概率；第二，新型孵化器会为创业者提供一定数量的天使资金，并提供一些基础设施，帮助成长期的创业企业更快成长，“天使资本+孵化器”的运营模式使科技企业、孵化器和天使资本都获得了极大的收益，新兴产业获得了快速的发展；第三，当创业项目获得初步成功后，新型孵化器会提供后续的支持，包括人脉关系、盈利能力提升、商业资源导入等，因此当创业企业的产品走向市场时，会获得相关大企业的青睐，很多创业者因新型孵化器的开放性，更容易获得市场拓展的机会，大量的市场化资源会帮助创业企业走向成熟。

5）政府扶持为科技金融中心的发展创造了良好的环境

政府为旧金山科技金融中心的发展提供了大量的支持，制定了相关的法律法规（见表7-1），不仅有税收优惠，而且放宽了市场准入制度，拓宽了中小型科技企业的融资渠道，为该区域的科技企业和科技金融企业的发展营造了良好的环境。

表7-1　美国为促进科技金融发展制定的相关法律法规

发布年份	法律名称	主要内容
1953	《小企业法》	主要为小企业提供相关配套服务，包括咨询、担保等
1954	《国内收入法》	规定研发投入可从当年应税收入中减除
1982	《小企业技术创新发展法》	规定要按当年研发经费的一定百分比设置专项资金支持中小企业高技术的创新研究
1988	《综合贸易和竞争法》	设置“制造技术推广合作专项资金”

7.1.1.2　美国科技金融模式经验

美国的科技金融发展模式是典型的资本主导型模式，主要特点是拥有完善的资本市场制度，资本市场、风险贷款市场和风险投资市场为科技型企业融资做出重大的贡献（夏鸿义等，2016）。美国拥有全球最发达的金融体系和最完善的资本市场，社会融资渠道众多。美国政府设立了中小企业管理局等辅助机构，参与科技金融活动，规范和推动科技金融发展。资本通过风险投资市场、风险贷款市场和资本市场进入高科技行业，为美国的科技创新做出了巨大的贡献。总而言之，美国以成熟的资本市场为核心，以政府政策引导、商业银行提供信贷支持为辅助，构建了科技金融发展模式，该模式下的科技金融呈现出主体多元化、股权结构分散化等独有的特点。

（1）卓越的资本市场融资体系

美国拥有卓越的资本市场融资体系，主要包括主板市场、二板市场和场外交易市场，具有层次分明和风险分散的特征。具体层级如下：①主板市场即纽约证券交易所（NYSE），主要满足成熟期产业化阶段的科技型企业产生的巨大上市融资需求；②二板市场，包括美国证券交易所（AMEX）和全球最大的股票市场——全国证券经纪商协会自动报价系统（纳斯达克，NASDAQ），上市门槛很低，是许多达不到主板上市条件的中小型高科技企业的主要融资渠道和风险投资市场的有效退出渠道，美国最具成长性的中小企业中有90%以上在纳斯达克市场上市，其培育了如苹果、微软、戴尔、英特尔等一大批高科技企业；③场外交易市场（OTC），主要是指占企业直接融资大部分份额的债券融资市场，债券种类非常丰富，可以根据不同主体发行不同的债券，其收益和风险也不一样，具体包括抵押公司债券、可转换公司债券、信用公司债券、高收益债券等（漆涛，2007），为初创期中小企业融资、风险投资和产权评估服务，也为非主板上市的股份提供转让的渠道。

（2）成熟的风险投资市场体系

美国的风险投资市场非常成熟，政府、企业、养老保险基金、投资银行、天使投资者等不同类型的风险投资供给主体形成优势互补，共同对高科技企业的科技创新进行风险投资，每年新投资项目和投资金额都稳居全球第一，资金和技术在金融机构和高科技企业之间的流动非常活跃。2015年，美国的风险资本融资规模达到599亿美元。通过灵活的投资体系，美国的高科技企业可获得充足的资金支持，如美国硅谷就是科技与金融深度融合的产物。

（3）完善的风险贷款体系

美国通过发展科技专业银行和新兴的风险贷款，为高科技企业提供了科技银行专营模式和风险贷款专业产品，进一步推动“投贷一体化”。美国拥有4家银行型风险贷款机构和9家非银行型风险贷款机构，这些机构构成了美国的风险贷款市场，其中最著名的科技银行——硅谷银行是商业银行风险贷款的主导银行。硅谷银行商业模式的核心在于“商业银行与风险投资深度融合”，通过银行—风险投资联动、与风险投资紧密合作和出资设立股权投资公司三大渠道，实现对初创期科技企业的支持，具体如图7-1所示。截至2020年末，硅谷银行拥有全美50%的创投基金投资的企业客户，68%的创投基金投资的上市企业客户，以及50%的创投基金客户。

2019 年末逾期 30 天以上所有贷款含减值贷款合计为 1.91 亿美元，占总贷款的比例仅为 0.57%。①

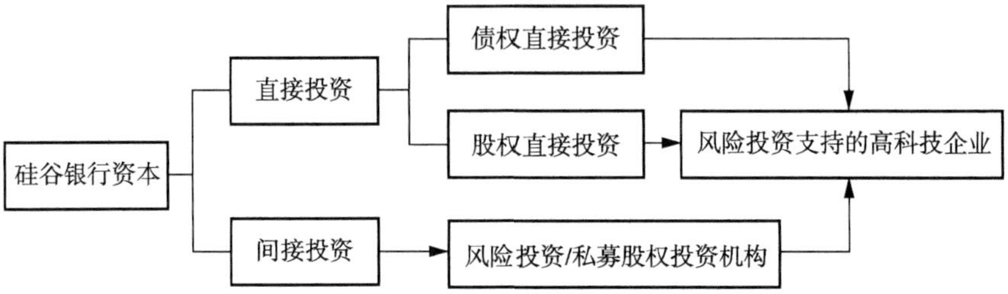

图 7-1　硅谷银行商业模式

资料来源：李善民，许金花，黄灿．科技金融：理论、实践与案例——兼论广东科技金融结合的机制与对策［M］．北京：中国经济出版社，2015.

（4）丰富的法律体系和政策支持

美国政府通过构建完善的法律和政策体系来支持科技金融的发展，不断拓展融资渠道，减少金融市场对高科技企业的融资约束，更好地发挥资本和市场对科技发展的支持作用。第一，美国政府制定了《小企业法》，明确将促进中小型高科技企业创新列入政府职能，为激励中小型高科技企业创新，规定政府采购合同中必须将一定比例分配给中小型高科技企业。美国政府还制定了《小企业经济政策法》《小企业投资改进法》等法律，进一步保障小企业的发展。第二，在财政税收方面，美国实施了“小企业技术创新研究计划”（雷鸣，2017）。第三，美国通过 *Gramm-Leach-Bliley* 打通直接和间接融资市场，银行可参与企业的风险投资，甚至可在风险投资基金中持高达 100%股权的比例。第四，美国通过制定《JOBS 法案》，调整私企融资规则限制，降低了成长型企业实施 IPO 融资的要求，企业可以实施新的众筹方案，为高科技企业在公开市场融资提供了便利（王鹏，2011）。

---

① 曹麟．数字化下中国创业银行构想——基于硅谷银行经营模式思考［J］．银行家，2021（4）：108-112.

（5）健全的政策性金融体系

美国拥有健全的政策性金融体系，为改进中小型科技企业的设备、进行技术创新和采用新型生产技术提供重要的金融支持。首先，为了从政策上支持小企业的发展，美国组建了政策性管理机构，即总部设在华盛顿的中小企业管理局（SBA），其在全国各地有 100 多个办事处，为小企业提供直接贷款、贷款担保和风险投资项目等融资服务。其次，美国的政策性贷款机构主要由美国政府投资设立，与其他金融机构合作来扶持科技型企业，企业主要通过借款、吸收存款和发行债券等方式进行融资。最后，美国设立了中小企业政策性信用评级与担保机构，主要包括中小企业成长基金，如软件和 IT 产业国家风险基金、中小企业政府投资基金、美国微小型企业信用担保基金和美国中小企业信用评级公司等。

7.1.2　德国科技金融发展模式

7.1.2.1　德国科技金融发展模式——银行主导型模式

（1）政策性专项扶助项目支持

德国政府开发了多项政策性专项扶助项目，专门用于支持中小型科技企业的发展。2005 年，德国政府在《高技术战略》框架下启动了由联邦经济技术部主导、德国复兴信贷银行和知名企业集团共同参与的高科技创业基金（HTGF），主要为研发初期和风险较高的中小型科技企业提供融资服务。之后，德国政府制定了服务于初创期科技企业的欧洲复兴计划，基金总额高达 2.5 亿欧元。2008 年，德国经济技术部结合德国发展战略设立了中小企业创新核心项目（ZIM），主要为科研成果转化提供资金支持，极大地促进了初创期企业和具有一定规模的成长期企业的发展。德国的复兴信贷银行还设立了联邦经济技术研究基础设施项目、天使投资新投资补贴项目等一系列政策性辅助基金和项目，为科技企业提供了大量的资金支持和各种融资服务。

（2）成功的政策性“银行主导型”模式

德国银行采用混业经营模式，因此大多数银行除了从事发行货币或抵押债券等金融业务外，还允许商业信贷进入科技领域。德国的融资模式是银行主导型。德国政府非常鼓励商业银行投资中小型科技企业，采取以政策性信贷带动商业信贷的方法，为中小型科技企业提供长期的信贷支持。德国复兴信贷银行80%的股权归德国政府，20%的股权归州政府，旗下的中小企业公司可为处于初创期的高技术企业提供低息贷款、次级贷款和股权融资等服务。至今为止，针对科技企业的金融业务是复兴信贷银行的最大业务。

（3）完备的信息共享中介服务

德国的工商企业必须加入工会且缴纳会费，因此德国拥有非常完备的信息共享和职业培训等中介服务。工会为会员企业提供多项综合的中介服务，不仅包括技术咨询、信用证明、法律评估等服务，而且提供定期的职业教育培训，传达国内相关行业相关岗位的有关政策、信息，保证行业的快速发展。德国政府还会定期召开学术会议，如科研研发会议，公布国内外最新的产品、技术信息，很多中小企业都可以依据这些信息对自己企业的业务进行调整，合理地制定产品价格，更好地进行市场定位。德国政府还会出资对用于研发的基础设施进行建设，或者进行优化，在知识产权保护方面、企业未来发展战略方面为中小型科技企业提供完全免费的咨询服务。

7.1.2.2 德国科技金融模式经验

德国采用典型的银行主导型模式来发展科技金融，银行主导型模式的主要特点是科技企业与银行建立了紧密的关系，融资渠道主要以银行融资为主，信贷资金很快转化为资本，融资效率非常高，缓解了银企信息不对称引发的逆向选择和道德风险问题。同时政府建立了政府担保的多层次特色信用担保体系，重点为科技企业提供市场化的融资担保服务，发达的间接融资市场成为德国科技金融发展的核心（李铁，2017）。由此可见，德国的银行主导型模式极大地推动了科技企业的高速发展，使德国成为世界上的科技强国。

（1）强大的商业银行体系

德国形成了以全能银行为主导的商业银行体系，银行为德国科技企业提供了大量的融资渠道，全面支持科技企业的发展，推动了德国经济的发展并使德国成为欧洲经济的中流砥柱。德国采用混业经营金融体系来构建自己的商业银行体系，主要以全能银行为主体，加强银行与科技企业的稳定合作，为科技企业提供除了发行货币或抵押债券外的所有金融业务，包括提供各类贷款、发行交易有价证券等各类金融服务，甚至可以拥有企业股权，对企业进行监督控制，从而实现对金融高科技企业发展的支持。全能银行具有以下优点：首先，拥有庞大的网络信息优势，降低了信息采集成本，因此融资效率非常高；其次，全能银行的资本充足率非常高，可实现规模经济和范围经济，抵抗金融风险的能力很强；最后，全能银行拥有强大的资金实力，可保证科技企业无后顾之忧。总之，德国强大的商业银行体系为高科技企业飞速发展提供了强大的支持。

（2）多样化的政策性金融体系

德国政府建立了多样化的政策性融资体系，以德国清算银行和德国复兴信贷银行为主，以各州的政策性银行为补充，为科技企业提供间接支持，进一步降低中小型科技企业的融资成本。德国政府每年为德国清算银行和德国复兴信贷银行提供约 50 亿欧元的特殊专项贷款，主要用于按照 2%~3%的利息补贴给予与科技企业有业务往来的商业银行，从而降低科技企业的融资成本（陈福生，2016）。此外，德国的高科技企业还有机会获得德国清算银行的创业援助计划、欧洲复兴计划等自有资本援助计划的支持，从而获得更多的资金。

(3) 完善的科技贷款担保体系

德国已形成了非常完善的科技贷款担保体系，主要由第一层的联邦州的担保银行、第二层的联邦州政府、第三层的德国政府组成，目的是专门为科技创新企业提供融资担保。该体系有两种运作模式：第一种主要针对担保额在100万~1000万欧元的大中型科技企业，由第二层的联邦州政府和第三层的德国政府的财政部门或代理机构向高科技企业直接提供信用担保，业务量较小。第二种主要针对担保额在100万欧元以下的中小型科技企业，由担保银行（第一层）采用市场化运作方式以其自身信用作为抵押物为其提供担保服务，80%的贷款风险由担保银行承担，剩下的20%由商业银行承担。因为德国政府非常支持担保银行的担保业务，一旦发生代偿损失，德国政府会承担65%的损失，其中39%的损失由联邦政府承担，26%的损失由州政府承担，实际上担保银行只承担整笔贷款损失的28%，而且政府规定一旦有新增利润投入担保业务，担保银行将享受到税收优惠（陈游，2016）。

(4) 完善的政府法律法规和扶持政策

为协调商业性金融和政策性金融之间的矛盾，完善的政府法律制度和扶助政策是必不可少的，因此，德国联邦政府制定了确保金融协调均衡发展的法律制度，明确规定商业性金融与政策性金融的职能边界。具体包括《联邦政府关于中小企业研究与技术政策总方案》《关于提高中小企业的新行动纲领》等法律制度，为中小企业发展提供了法律保障。德国制定了《中小企业促进法》，为中小型科技企业营造了公平的资本竞争环境，并从税收等各项政策上给予一定优惠。除此以外，德国政府还设立了“小型技术企业参与基金”和各类研发项目，如ZIM项目、INNO-WATT项目、ERP项目等来资助中小企业开展技术创新活动，而且其他商业金融机构也积极参与到科技型产业的信贷活动中，推动了德国高技术产业的高速发展（黄灿、许金花，2014）。

7.1.3 韩国科技金融发展模式

7.1.3.1 韩国科技金融发展模式——政府主导型模式

（1）韩国科技产业和科技金融结合的发展历程

第二次世界大战后，韩国经历了工业化起飞、工业化成熟和大众消费等发展阶段，韩国的发展动力正是来源于科技型中小企业的迅速发展。在经济发展的同时，韩国以科技创新型企业为主导的科技产业和科技金融进行了融合发展。

1）以政策性金融为中心的产融结合模式

韩国光复（1945 年）后至 20 世纪 70 年代，在以政府主导的经济发展政策引导下，韩国开始进行战后重建，以政策性金融为中心的产融结合模式成为科技金融发展主导模式。当时，韩国正处于工业化准备和起飞的阶段，资本储蓄并不充足，为了解决长期金融需求问题，政府设立了产业银行等政策性金融机构。韩国的金融市场发展并不完善，这一政策可以促进韩国的金融市场更好地发展。总之，韩国的产融结合在这一阶段仅仅是初级发展，仍任重道远。

2）以一般性商业银行为中心的自律型产融结合模式

20 世纪 70 年代末到 1997 年金融危机前，因为政府性金融机构民营化和自律化发展，韩国的自律型产融结合得到了飞速发展。随后，韩国建立了以商业银行为中心的产业金融体系，在该体系中，政策性金融机构所占的比重逐渐缩小，商业性金融体系的作用逐步增大。

3）投资银行和证券市场快速发展的产融结合新模式

1997 年的亚洲金融危机后，韩国经济受到了严重的冲击，韩国政府为了挽救金融市场，开始进行金融市场化改革。韩国政府出台了一系列以市场为中心的积极政策，逐步形成了金融行业兼营化，投资银行和证券市场逐渐成为很多企业融资的重要途径，投资银行和证券市场获得了快速发展。

（2）韩国科技金融发展模式——政府主导型模式

不管是由政策性金融机构、商业银行主导，还是由投资银行和证券市场主导，从整体上来说，韩国的科技金融发展都是由政府主导、不同金融机构配合的。在科技与金融结合的过程中，韩国政府始终对国内的金融机构有着绝对的控制，而且政府会通过行政手段来干预市场，将资金投入国家产业需要的投资项目和企业，信贷分配和投融资政策都向与国家经济发展方向一致的企业倾斜，以调整韩国的产业结构，实现经济的快速发展。政府主导型模式有五个特征：第一，政府为了促进科技与金融的结合，在工业化起飞阶段发挥了重要的基础性作用。第二，21 世纪以来韩国政府逐步减少了对科技金融的行政干预，转而变为市场性引导。第三，在科技与金融融合的前期，韩国的大企业财团发挥了主导作用，为产融结合的市场化做出了重大的贡献。第四，在政策影响下，韩国的大企业财团具有中心位置功能，并拓展了“中心—外围”产融结合机制。比如，为了确保稀缺的金融资源有效配置到国家战略性产业中，韩国实施了“金融约束”政策，保证韩国的主导产业获得绝对的资金支持。而且韩国政府成立了政策性金融机构——韩国产业银行（KDB），作为韩国政府产融结合政策的先锋，扮演着产业发展向导和产融结合媒介的重要角色。为了促进韩国汽车、电子、船舶产业的发展，韩国产业银行借助自身的专业金融知识和行业经验，为其打下了产融结合基础。21 世纪以来，韩国实施国际化战略，韩国产业银行开始在全球的主要金融市场设立分支机构，打造韩国产融结合生态圈，为在外国的韩国企业提供综合型金融服务，进一步提高了韩国产业的国际竞争力。第五，韩国政府建立了本国的二板市场——柯斯达克，为知识密集型、高附加值的高技术企业提供新的直接融资渠道，有效地促进韩国产业结构升级，并且推动韩国的产业和金融的迅速融合发展。

7.1.3.2 韩国科技金融发展模式经验

韩国采用典型的政府主导型科技金融发展模式，主要特点是以政府的财政支持为主导，以专业的担保支持和资本市场支持为辅助。韩国由落后的农业国发展成为先进的工业国，并成为亚洲“四小龙”之一，得益于其中小型科技企业的快速发展，而中小型科技企业的发展与政府主导型科技金融发展模式息息相关（李善民，2014）。韩国政府出台了《技术开发促进法》等一系列法律法规，通过财政投入和建立信用担保机制，解决了科技型企业的资金短缺问题，促进了韩国科技金融的快速发展。

（1）政府的财政支持

韩国政府长期向科技企业提供融资支持，主要方式是财政拨款和政策性贷款。1960年，韩国政府将经济重心由轻工业转到重化工业上，并建立了由政府主导的研发投入机制和技术引进创新体系。1980年，韩国提出了“科技立国”发展战略，开始大规模增加R&D经费投入，主要对政府部门主管的国家级技术开发计划和研究开发费用在50%~90%的企业给予无偿援助。20世纪90年代，韩国政府设立了财政性贷款和各类政策性专项基金，并以一定的借款利率将资金借给银行或金融机构，银行或金融机构可在借款利率的基础上加不超过1.5%的利率，再提供给科技企业，银行在承担风险的同时可获得一定的收益。为了支持中小型科技企业发展，韩国财政经济部和产业资源部等12个政府部门曾设立了91种政策性基金，如研究成果商品化专项基金、产业基础基金、产学研合作基金、中小企业创业基金、技术开发基金和科技振兴基金等，每年可提供约4.9万亿韩元的资金给中小型科技企业。总而言之，韩国政府不仅增加了全国的科技研发费用，而且加大了对企业的科技经费支持力度。

（2）银行支持科技创新

韩国政府为了支持科技型企业发展，不仅出资成立了政策性银行，而且规定商业银行也要为科技创新提供支持。韩国政府出资成立了韩国进出口银行、韩国产业银行、韩国中小工业银行等政策性银行，主要用于鼓励韩国企业进行科技创新，支持其新产品、新工艺开发和科技成果产业化。这些银行不以营利为目的，其按照银行的经营标准经营，提供低成本的贷款，有利于控制风险，提高资金的利用率，同时具有示范作用。韩国的商业银行在韩国央行窗口指导和政策性银行的示范效应下，也主动开始向科技创新项目提供贷款支持，而且还通过支持信用担保机构，间接支持科技创新型企业发展。韩国中央银行在考核商业银行再贷款优惠利率时，将各类商业银行对中小型科技企业的信贷是否达到一定比例作为重要依据之一，韩国的商业银行也行使了一定的政策性银行的功能。

（3）完善的信用担保机制

韩国形成了完善的信用担保机制，主要包括两个国家级担保基金，即韩国技术信用担保基金（Kibo）和韩国信用担保基金，同时还成立了 14 个地方性担保基金。1989 年成立的韩国技术信用担保基金是韩国最大的担保基金，其从政府、商业银行和风险投资公司获得资金捐赠。为了为科技企业提供技术担保、直接股权投资、科技成果评估、业务咨询和索赔管理等综合服务，该担保基金成立了专门的技术评估机构、科技成果鉴定研究机构和辅助型技术评估中心。截至 2012 年，韩国技术信用担保基金共为科技企业提供了 218 万亿韩元的信用担保，推动了韩国经济的快速发展，已成为韩国政府最有效的政策工具。

（4）风险投资体系支持

在支持风险投资市场发展方面，韩国政府完善了包括风险投资机构和专业二板市场在内的风险投资体系。韩国政府专门成立了韩国技术金融公司等政策性风险投资机构，并提高了新设风险投资基金的注资上限。20 世纪 90 年代，韩国政府建立“柯斯达克市场”，该市场不限制高科技公司的数量和财务指标标准。对于中小型科技企业来说，这项措施进一步拓宽了其融资渠道；对于风险投资机构来说，这项措施丰富了其退出渠道，其可以更放心地为科技型企业提供服务。

7.1.4　国外科技金融发展模式的启示

7.1.4.1　主导科技金融发展的主体因地而异

科技金融发展的主体主要有三个，即资本市场、银行、政府。美国科技型企业发展主要依赖发达的资本市场，德国科技型企业发展主要依赖混业经营的银行体系，韩国科技型企业发展主要依赖政府的支持。从美国、德国和韩国三个科技金融发展成熟地区的发展模式可以看出，影响科技金融发展的关键是要选择与国家和地区的实际情况相匹配的引导主体。

7.1.4.2　政府作用的程度不同

政府在科技金融发展过程的作用是不同的，因为每个国家的经济体制、金融发展体系、社会制度不同。虽然美国的科技金融发展模式是典型的资本主导型模式，但其政府对科技金融发展的支持力度也非常大，如通过立法促进科技成果转化，为科研机构、科技企业提供经费，制定具体的科技发展计划等，都极大地促进了科技型企业的发展。德国的科技金融发展模式是典型的银行主导型模式，为了给科技企业提供融资担保和资金支持，德国政府建立了完善的信用担保体系和间接融资市场，由政府担保和风险担保共同为企业分担风险。由此看出，美国和德国政府主要起到辅助引导的作用。而韩国的科技金融发展模式是政府主导型模式，政府的作用非常大，不仅体现在立法和监督上，政府还以财政支持、政策性银行和政府担保基金等强制手段提高科技型企业的融资效率，有效促进了科技型企业的健康发展。

7.1.4.3　法律的作用逐渐显现

从美国、德国和韩国的科技金融发展情况来看，法律在促进经济发展过程中的作用不容忽视。美国和韩国政府都通过立法来支持中小型科技企业的发展，并鼓励科技金融创新、促进科技成果转化，从而加快了科技金融发展。法律在促进科技企业健康快速发展、科技金融创新方面起着重要作用。

7.1.4.4 金融创新是关键

虽然每个国家的科技金融发展模式和历程不同，但是他们都在探索和运用适合本国的科技金融创新举措。美国最成功的创新就是建立了专门为科技企业服务的科技银行——硅谷银行，来为美国的科技企业提供融资服务。德国的金融创新主要是担保方式创新，政府担保与银行担保共同对风险担保进行市场化运作，共同向科技企业提供担保。韩国政府的创新举措在立法方面，其通过制定科技政策，设立政策性专项基金、技术研发基金等机构（于春艳，2011），促进科技企业发展。各国必须进行有效的创新才能有力地促进科技企业的发展。

7.2 国内科技金融发展模式

7.2.1 北京中关村科技金融发展模式——政府主导型模式

（1）北京中关村科技金融发展现状

北京中关村是我国的第一个国家科技金融示范区，同时也是我国科技金融发展的风向标，其为提高北京的科技金融结合效率做出了巨大的贡献，在加强资本与技术结合、政策先行试点和科技创新能力方面具有其他地区无法比拟的优势，为我国的科技金融融合提供了很多经验。

2010 年，北京、江苏和上海被确定为我国的科技金融试点城市，之后北京开始加大科技投入。据统计，2015 年，我国 R&D 经费高达 14169.9 亿元，北京 R&D 经费支出占全国 9.8%，仅次于山东省。近年来，北京中关村的股权投资机构数量剧增，股权投资案例达 2413 起。在互联网金融机构日渐成为北京投资的重点机构时，北京开始发展大数据金融、众筹投资和 P2P 等新业务。北京还成立科技创新板，吸引了很多企业来融资，并产生了新的融资方式，如股权质押、私募债权、私募股权等。这些创新的科技金融措施，使北京中关村的科技金融发展速度加快，提高了中关村的科技创新指数。2015 年，中关村的创新能力指数达到了 334.8，在推动我国科技金融创新发展的道路上起到了引导作用，为其他地区展示了创新的重要性，做出了表率。

1）中关村科技金融发展模式概述

北京中关村在发展科技金融的同时，积极响应国家号召，形成了“一个基础、六项机制、十条渠道”的科技金融发展模式。其中，“一个基础”是指企业信用体系；“六项机制”是指技术与资本高效对接机制，包括风险补偿机制、信用激励机制、以股权投资为核心的投保贷联动机制、银政企多方合作机制、分阶段连续支持机制以及市场选择聚焦重点机制；“十条渠道”是指不同阶段的企业融资渠道也不尽相同，如天使投资、创业投资及贸易融资等渠道。如今，北京中关村独特的科技金融发展模式已经取得了巨大的成效，中关村成为我国科技金融发展的风向标。

2）中关村科技金融发展效果

第一，北京中关村建立了独特的区域信用体系。该信用体系以建立“信用首善区”为目标，以企业自律性为主导、外部监督为辅助，进一步实现企业、中介机构和金融服务的有效结合。北京政府对区域信用体系的建设进行了有效的引导，但是并不参与信用体系建设工作，尽量保持中关村区域信用体系的独立有效运行，通过信用评级机构制定信用调查表，调查中关村各企业的信用信息，以第三方视角客观地看待收集的各种信息，从而获得真实有效的企业信用信息。

第二，北京中关村构建了“一个平台、八大产品”的科技金融服务体系。在发展科技金融的过程中，中关村不断对金融产品和服务进行创新，积极响应国家发展高科技产业的号召，构建了完善的科技金融服务体系。“一个平台”指中关村示范区科技金融综合服务平台，“八大产品”指科技投资服务产品、科技担保服务产品、小微企业信贷融资绿色通道、信贷服务产品、科技金融专项委托工作、天使投资基金、科技企业信用体系和《中关村科技金融》期刊。

第三，北京中关村形成了独具特色的合作模式。中关村坚持建立中关村企业融资绿色通道，加强政府、金融机构、信用中介机构和企业等多方力量的共同合作，积极发挥政府的作用，集聚金融服务资源，并与国家开发银行合作，积极探索基础设施建设融资模式，提高中关村科技创新能力，形成富有特色的中关村金融合作模式。

3）中关村科技金融服务平台建设

2009 年，北京中关村建立了科技金融服务平台，对企业的信用进行审核和评价。中关村不断加强科技创新企业与金融机构的合作，进一步实现科技与金融的无缝结合，提高了银行支持科技企业的效率。与此同时，中关村成立了信用保险及贸易融资服务联盟和创新联盟，对科技金融资源进行聚集，推动科技金融的快速发展。

（2）北京中关村科技金融发展模式经验

北京中关村是中国第一个国家级科技园区，其在国家的科技金融政策支持下，形成了以“一个基础、一个拉动和两项支撑”为特色的科技金融运作模式。“一个基础”指以科技企业信用体系建设为基础，建立区域高技术企业信用体系。“一个拉动”指通过完善的多层次资本市场拉动科技型企业发展。“两项支撑”指以科技信贷和创业风投作为支持科技企业融资的两翼（王颖等，2015）。

1）政府政策创新和组织创新支持

北京市政府部门与监管部门联合发布了一系列促进科技金融融合的政策文件，既包括综合性的专门政策，如《关于推进首都科技金融创新发展的意见》《北京市“十二五”时期金融业发展规划》等，又包括针对性的配套政策，如《关于促进北京市融资性担保行业规范发展的意见》。一系列利好政策的出台，对促进首都科技金融快速发展发挥了至关重要的作用

（黄健青等，2013）。在政府的主导下，北京市成立了多个针对科技金融发展的推进机构，在落实科技金融政策、提高科技金融发展效率方面起到了非常重要的作用，具体包括以下创新型组织：北京市高技术创业中心统贷平台贷款管理平台、北京市科技金融促进会、北京银行中关村海淀园支行、首都创新资源平台、首都科技条件平台科技金融领域中心和中关村科技金融创新联盟等。

2）通过机制创新推出有针对性的组合类金融产品

不同发展阶段、发展规模和行业特色的科技企业，有不同的融资需求和风险特征，北京市通过机制创新，推出了针对性的组合类金融产品，形成了以银行信贷为主体，创业投资、担保融资、信用贷款、贸易融资、小额信用贷款、创意贷、信用贷、供应链金融服务、境内外上市等多种融资工具支撑的融资平台。如针对创业期首次融资非常难的企业，北京银行将提供创业贷小额信用贷款、投贷联动、见贷即保等综合融资服务；针对有长期融资需求的企业，金融机构提供了智权贷、短贷宝、创意贷、订单贷等综合融资服务；针对成熟期的上市企业，金融机构提供了供应链金融服务、现金管理、信用贷等融资服务（白敏，2013）。

3）创新知识产权质押贷款和改变抵押物方式的信贷业务

北京率先创新担保品牌种类，在全国首次推出了知识产权质押贷款业务，并引入律师事务所、资产评估公司分别对贷款项目进行风险评估，担保公司为企业的知识产权贷款提供风险担保（李小雅，2017）。与此同时，还针对高科技企业轻资产的特点，开发了包括应收账款质押贷款、存货质押贷款、订单质押贷款和股权质押贷款在内的信贷业务，改变抵押物方式。如北京银行的“认股权质押贷款”和“智权贷”，天津银行北京分行的“应收账款质押贷款”，招商银行北京分行的“收款易”和“订单贷”，交通银行北京分行的“信融通”，华夏银行北京分行的“信用贷”等信贷业务，降低了科技企业的贷款难度，为中关村的科技企业提供了无担保、无抵押的信用贷款支持。

7.2.2 苏州科技金融发展模式——多方共担风险模式

（1）苏州科技金融发展历程

江苏省拥有非常完善的科技金融体系，其科技金融发展十分迅速。江苏科技财政资源投入的力度位居全国第一，具体表现在以下几个方面：第一，其科技贷款增长速度常年维持在20%以上；第二，江苏省拥有的创业风险投资机构数量居全国第一；第三，江苏省的创业风险投资资金规模也是全国第一；第四，江苏省培育的科技型企业上市的效果非常显著，能够最大限度地利用科技资本市场。

1）江苏省科技金融萌芽期

江苏省政府于1992年牵头成立了江苏省创业投资有限公司，该公司主要为企业高技术成果转化提供全方位的支持，由省政府直接管理，标志着江苏省科技金融进入萌芽期。江苏省创业投资有限公司非常重视科技创新活动的开展。政府不仅加大了科技财政支出，而且设立了科技创新基金，制定了促进科技创新活动的配套政策。这些便利条件吸引了很多科技企业前来贷款，为科技成果转化中的企业提供了大量的资金支持。同时，江苏省为了支持处于成长期的科技企业发展，专门组建了专注管理科技发展风险投资基金的高技术风险投资公司。在萌芽期，由于江苏省政府的引导到位，很多民间的科技资本也加入进来，极大地促进了科技金融的发展。

2）江苏省科技金融成长期

2006年开始，江苏省科技金融的融资方式开始多元化，标志着江苏省科技金融进入了成长期。首先，江苏省第一家科技试点支行——中国农业银行无锡科技支行成立，从此江苏省的科技贷款进入了新发展阶段，各大银行纷纷成立科技支行，共同为高技术产业提供科技贷款产品；其次，科技小额贷款公司迅速发展，它们为处于种子期、初创期的企业提供了大量的资金支持和多种多样的创新服务。2007年，江苏省政府制定了《江苏省科技型中小企业创业投资引导资金管理暂行办法》，将5000多万元引导基金以风险补助的方式，提供给江苏省 35 家创业风险投资机构，让其对初创期的科技企业进行投资，支持科技企业健康发展。同年，我国第一批科技保险创新试点——苏州高新区成立，为江苏省科技保险的发展打下了坚实基础，江苏省科技保险业务迅速发展起来。江苏省政府十分重视科技资本市场的发展，为很多优秀企业开启绿色通道，先后有多家企业在创业板上市。

3）江苏省科技金融成熟期

2011 年，江苏省的科技金融体系日趋完善，但是缺乏金融中介，于是，政府开始重点构建完善的科技金融中介体系。在江苏省政府带领下，各大金融机构迅速响应，搭建了科技金融信息服务平台，综合收集企业信息、银行信息、创业风险投资信息和科技保险信息等与科技金融相关的所有信息，以此来提升全省的科技金融综合服务质量。与此同时，江苏省政府制定了《科技金融支持中小企业便民计划》《科技金融联系人》等制度，为科技企业提供授信绿色通道，创新科技金融服务产品，进一步提升了江苏省的科技金融服务质量。

4）江苏省科技金融发展成效

江苏省的科技金融发展成效可以从创业风险投资、科技贷款配置、科技保险和知识产权质押融资四个方面来分析。第一，江苏省的创业风险投资机构数量和注册资本规模保持全国第一，而且民间资本占的比例较高。据统计，2014 年江苏省拥有 408 家创业风险投资机构，其中 57%是民间创业风险投资机构；拥有 796 亿元资本规模，其中 55%是民间资本。这些充分证明江苏省政府的创业风险投资引导基金对民间资本的引导十分有效。第二，在江苏省政府的积极引导下，江苏省的科技贷款配置效率非常高，尤其是通过贷款贴息方式来降低金融风险的方式，得到了大多数金融机构的欢迎，金融机构纷纷投入大量的资金给需要科技成果转化的企业，如中小型科技企业融资平台“科财通”向 15 家中小型科技企业提供了 4000 万元的科技贷款，有效地缓解了中小型科技企业的融资压力。第三，江苏省大力推进科技保险产业，以苏州高新区为例，截至2016年，已有200多家科技企业获得142亿元的风险保障，如关键研发设备保险、出口信用保险等均被纳入投保企业的保险范围。第四，自江苏省政府颁布了《江苏省知识产权战略纲要》之后，知识产权质押融资获得了江苏省政府、企业和银行的高度重视，它们大力推进知识产权质押，企业可以将所拥有的专利等无形资产进行抵押，以获得自主创新和成果转化的融资机会。江苏省知识产权质押融资金额已突破100亿元，科技企业拥有了新的有效融资渠道。

（2）苏州科技金融发展模式

苏州采用的是多方共担风险融资模式，作为长三角地区科技企业最密集的区域之一，苏州形成了以高科技产业为主导的现代产业结构，在科技金融方面形成了政府推动、银行主导、保险担保、创投融合的金融产业链。自2009年开始，苏州市政府就出台了促进科技与金融结合的相关政策，以促进科技金融创新发展。2015年，苏州提出了打造“苏南国家自主创新示范区的核心区”的战略目标，健全了省、市、县（区）三级联动运行机制，对科技金融的机制、产品、服务和模式进行创新，通过创业投资、信贷融资、小额贷款、科技保险、融资担保、债券融资等融资渠道，形成了政府、创投、银行、担保、保险、证券、租赁等多方共担风险的苏州模式（殷桂梅，2016）。

（3）苏州科技金融发展模式经验

1）完善的科技金融政策体系支撑

苏州政府构建了完善的科技金融政策体系，以促进科技企业发展，出台了许多加强科技金融融合的法律法规，如《苏州市科技型中小企业信贷风险补偿专项资金管理办法》《苏州市知识产权质押贷款扶持资金管理办法》等（张云伟等，2015）。

2）积极构建科技金融服务平台

为了实现资本、技术和人才的有效对接，苏州积极构建政府和投融资主体信息沟通的科技金融服务平台，如科技金融创投平台、统贷平台及服务平台。具体来说，苏州有三大创投服务平台，分别是东沙湖创投中心、财富广场投资中心和城区创投中心。三大平台将基金服务、投融资服务及企业发展服务融为一体，为科技企业的发展搭建了股权投资产业集聚平台（杨晓丽、孙凌杉，2015）。

3）搭建网上科技金融超市

在科技财政资金的支持下，苏州开通了“网上科技金融超市”，专门为中小型科技企业和金融机构提供信息互通和业务互联服务，具体包括实体平台服务和虚拟网上平台服务。苏州还设置了实体金融超市，位于苏州自主创新广场，银行、财险、金融服务公司等金融机构纷纷入驻，并推出了“科贷融”“科贷通”“基金宝”“企贷宝”等金融产品。截至 2016 年 5 月，网上科技金融超市已经提供了 300 亿元的融资，为超过 10000 家科技企业提供了完善的服务（李旻晖、刘淑萍，2016）。

7.2.3　广东科技金融发展模式——“三融合”模式

（1）广东科技金融发展现状

广东省的科技金融发展工作起步早，科技财政拨款总额在全国排第一，中小型科技企业融资发展情况良好，科技成果转化动力十分充足，政府支持力度大，整个广东省的科技金融体系比较完善，科技金融的成效十分显著。

1）政府部门与金融机构合作

广东省的科技金融发展离不开政府部门和金融机构的合作，政府出台了《广东省科技与金融结合实施意见》，提出应设立科技种子基金，资助初创期的中小型科技企业发展。广东省政府还通过制定信用补偿制度，降低了金融投资机构为各类初创期的科技企业投资的金融风险，很多金融投资机构愿意为中小型科技企业提供信用贷款。同时，广东省政府设立了科技贷款风险准备金，科技贷款风险损失中的九成由政府承担。为了解决科技企业融资难的问题，广东省科技厅与中国出口信用保险公司合作，成立了专门促进科技研发和科技成果转化的机构。

2）科技金融结合模式的创新——“三融合”模式的形成

在广东省生产力促进中心的引导下，广东省成立了科技金融综合服务平台，专门为科技企业提供融资服务。为了保障广东省的相关政策在地方的贯彻落实，该中心在广东省各地市设立了分中心，将金融资源、产业资本和土地资源融合，创造了三资融合的新型科技金融结合模式。广东省制定了《广东省人民政府办公厅关于推广投资融合建设模式促进我省民营科技园发展的意见》，创新了土地开发模式，为中小民营科技企业融资提供了便利的融资方式，并且优化了各个企业的盈利模式。至此，广东省的金融、产业和科技的“三融合”模式形成。广东省的各大国家级高新区在发展的同时，不断优化政策体系，提高科技产出效率，自主培育金融机构，实现科技企业融资渠道多元化，使融资服务具有更强的针对性，有效推动科技与产业的快速发展。

3）科技金融服务体系的建设与发展

“三融合”模式形成后，广东省政府开始重视建设科技金融服务体系。广东省政府与广东金融学院合作，建立了广东省科技金融综合信息服务平台。该平台可实现中小型科技企业与金融机构的网络对接，为中小型科技企业建立了基本信息库，并且上传了最新的政府法律法规，以供企业咨询。同时，中小型科技企业可以上传自己的项目，将优秀的科技项目成果录入系统，为金融机构提供一些贷款依据。该平台的信息覆盖面非常广，涵盖了珠三角地区的企业，甚至向广东省各地区延展。该平台结合先进的管理理念，最大限度地降低了银行等金融机构和企业之间的信息不对称程度，降低了信息收集的成本。其网络运行技术非常先进，中小企业可以在平台上快速获得融资服务，金融机构可以获得最真实的企业信息，从而对科研项目进行筛选和优化，选择适合的、有投资价值的项目进行投资，同时可以优化金融机构的融资产品，丰富融资形式，为科技创业企业提供最全面的贷款和融资服务。广东省通过科技金融综合信息服务平台的建设，让金融机构能够更便捷地获得科技企业的融资需求信息，科技企业也更容易获得资金支持，从而提高了科技产出效率，加速了科技企业的科技创新成果的转化进程，提高了广东省的科技金融融合程度，使科技企业实现了飞速发展。

（2）广东“三融合”科技金融发展模式经验

广东省的九大国家级高新区以金融发展为突破口，形成了金融、科技、产业“三融合”科技金融模式，以金融创新驱动科技创新，以金融服务推动产业发展，集聚了更多的高技术产业，加速了园区经济发展方式的转变，解决了科技企业的融资难题，提升了园区内科技企业的创新能力，形成了新兴业态，使广东省的经济规模得到了迅速的扩张（许迪龙、彭大衡，2016）。

1）形成推动园区经济结构调整的科技金融业务链

广东省加快建设科技金融业务链，为各高新区的科技企业提供具有针对性的投融资服务，加大科技企业的融资力度，实现与各大园区的共生发展，形成了完善的科技金融服务体系和市场化运作模式（徐军等，2015）。一方面，广东省政府为推动产业结构优化升级，不断运用金融市场和科技融合创新来提高传统优势产业的技术含量；另一方面，广东省政府大力培育新一代信息技术、新材料、生物、节能环保、新能源等产业，不断引导金融资本和社会资本向高科技企业集聚，推动战略性新兴产业发展（刘佳宁，2015）。

2）建立专业化的服务平台来集聚创新资源

广东省的高新区内建设了一批专业化的金融创新集聚区，负责协调区内的科技金融工作，制定和实施区内的科技金融发展规划，提供打造科技创新资源的互动交流平台，专门为企业提供项目对接、财务顾问、融资中介和专业培训等综合服务（商惠敏等，2015）。该集聚区不断引导专业银行、担保机构和投资机构等金融机构进入行业创新平台，加速了创新成果的转化和产业化。在推进“三融合”的过程中，广东省集聚创新资源来孵化新兴的产业，最终构建了以企业为主体、产学研相结合的区域创新体系（余波，2016）。

3）丰富的金融产品拓展科技金融服务功能

广东省各高新区不断创新信贷、债券、票据和股票等金融产品和工具，发展了供应链金融、仓单订单质押、户主平台担保、知识产权质押、小额贷款担保等融资业务，极大地丰富了科技金融产品结构，完善了科技金融服务的功能，更好地满足了科技企业不同的融资服务需求。同时，广东省政府设立了由粤科金融集团负责的总规模达 5 亿元的粤科天使投资基金，建成省级科技金融大平台，加大对早中期、成长期的科技企业的投入力度（许涤龙、彭大衡，2016）。

7.2.4 我国科技金融发展模式启示

7.2.4.1 强化政府对科技金融的引导作用

政府为了放大财政资金的引导作用，从以下三个方面优化对财政资金的使用方式：首先，政府加强与金融机构的合作，不断增加财政补贴，对科技企业的贷款利息或担保费用进行补贴，充分利用财政资金的杠杆作用调节科技贷款市场，提高银行或非银行金融机构对科技型企业的贷款投入，引导社会资金流向科技型企业。其次，构建具有政府背景的科技企业融资扶持机构，比如科技担保公司、创业投资公司、小额贷款机构和科技银行，允许社会资本入股，充分利用财税的调配功能，完善财税体系，更好地发挥科技融资机构的作用。最后，为激励融资机构提供融资服务，政府应提供更好的激励制度，如为了鼓励商业银行或科技担保公司向科技企业提供资金支持，可以以各机构一定的担保余额或贷款余额的 2‰作为奖励（曹颢等，2011）。

7.2.4.2 有效整合金融资源，搭建科技金融平台

政府应该整合各种金融资源，如商业银行、担保机构、创投机构和中

介服务机构等，搭建有效的科技金融平台，实现资源的有效配置，更好地服务于科技企业。科技金融平台在政府的引导下，集中发布融资信息、融资需求，提供担保服务、中介服务等，进一步推动科技金融的快速发展。科技金融平台还可以与社会资本融合，引导社会资本参与科技创新融资体系，并且与高技术产业区、科技企业孵化园、大学生创业园合作，拓展孵化服务功能，实现企业需求和资金、技术、市场等创新要素的完美对接。

7.2.4.3 丰富科技金融产品种类

要想从根本上提高科技金融服务功能，必须对科技金融工具进行创新，丰富科技金融产品的种类。科技企业融资的特点是风险较高、收益较高、融资需求较快和融资金额较小。不同的发展时期，企业的融资需求不同。因此，金融机构应依据科技企业轻资产的特点，针对不同的企业发展时期开发有针对性的金融服务产品，如为解决科技企业缺乏抵押物引发的融资难问题，开展知识产权质押贷款和股权质押贷款。同时，政府要为科技企业做好融资咨询、担保、评估等服务保障工作，以提高科技金融的融资效率。

7.2.4.4 强化政府的金融监管力度

政府科技部门和金融部门对科技金融的发展进行交叉管理，因此出现了职责不清的情况。在科技金融发展的过程中，政府部门应强化金融监管力度，联合商业银行、担保公司、创投机构和银保监局等部门，优化金融产业结构，重点培育和扶持金融资产支持高科技企业的发展。首先，政府应以科技管理为基础，配合金融政策，充分发挥科技金融融合创新的作用。其次，国家科技部建议政府各部门进行产业结构的优化和升级，以提升科技创新水平，不断提高区域经济竞争力。最后，科技部应该联合银行业、非银行业、正规金融机构和民间金融机构，给予金融发展适度的灵活性，提供有针对性的金融产品和服务，降低融资风险，进一步促进科技金融的发展。

7.3 本章小结

科技金融不仅需要自主创新，还需要从国际化的角度来规划发展方向。首先，本章主要梳理了美国科技金融发展的资本主导型模式、德国科技金融发展的银行主导型模式和韩国科技金融发展的政府主导型模式的成功之处，总结出科技金融发展主导主体因地而异、政府作用程度不同、法律的作用逐渐显现、金融创新至关重要等成功经验。其次，分析了北京中关村的政府主导型模式、苏州的多方共担风险模式、广东的“三融合”模式，并总结出了强化政府对科技金融的引导作用、有效整合金融资源搭建科技金融平台、丰富科技金融产品种类、强化政府的金融监管力度等成功的经验。最后，通过对资本市场主导型、银行融资主导型、政府投入主导型和民间主导型等多种科技金融发展模式进行分析，发现虽然不同国家和地区的科技金融发展模式各异，但都因地制宜，结合了自身的优势。本章在梳理分析国内外比较成熟的科技金融发展模式的基础上，试图探寻适合河南省省情的科技金融创新模式和启示，在原有优势的基础上完善自身短板。在国家“金融高质量发展”的背景下，探寻适合河南省省情的科技金融融合模式须结合河南省发展特点，做好河南省科技金融发展的功能定位，完善自身短板，充分利用河南省政府、银行、社会资本、金融机构、资本市场的优势，促进科技创新和科技成果转化，为河南省的科技企业提供充足的资金支持，进一步促进河南省的科技金融充分融合，有效助力河南省金融的高质量发展。

第 8 章

提升河南省科技金融效率的路径

8.1 河南省科技金融效率提升路径设计

从河南省科技金融投入和产出情况来看，虽然河南省的科技金融取得了一定的成绩，但是与东部地区相比，整体水平偏低，因此本书在分析河南省科技金融发展现状和科技金融投入产出效率的基础上，从政府、金融和科技企业三个角度着手，设计提高河南省科技金融投入产出效率的路径，如图 8-1 所示。

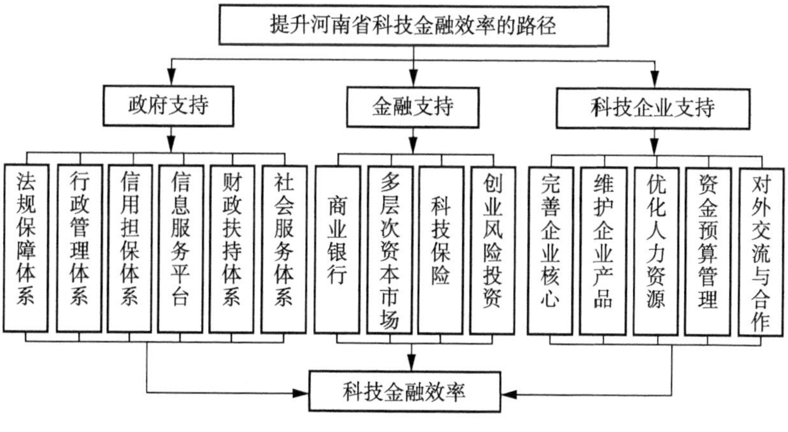

图 8-1 河南省科技金融效率提升路径

8.2 政府支持科技金融效率提升路径

政府强有力的支持是推动科技金融发展的坚强后盾，本书将从法规保障、行政管理、信用担保、信息服务、财政扶持和社会服务（沈博飞，2015；毕叶，2016；高芳菲，2016）六个角度设计政府提高科技金融投入产出效率的路径（见图8-2）。

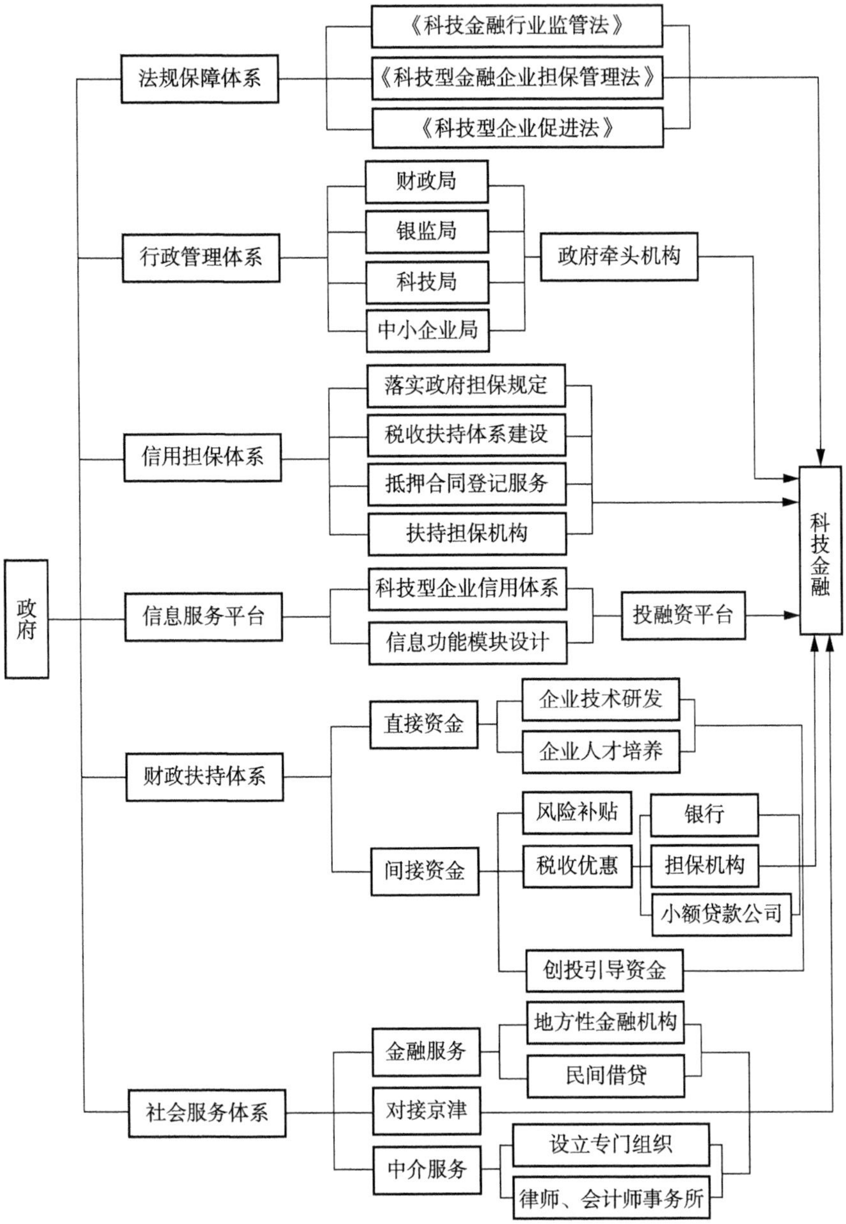

图8-2 政府扶持科技金融效率提升路径

8.2.1　健全科技金融法规

河南省政府应对现有的科技金融法规进行完善，及时废除不符合发展现状的政策法规，保证政府政策有法可依，让所有的政策能够更加有效地落实下去。首先，要规范相关科技金融主体的行为，必须从宏观上建立具有整体性和系统性的法律制度框架；其次，要建立适应科技金融主体发展的微观上的制度保障体系，进一步实现科技金融法规的有效、规范和法治化。例如，为了解决河南省科技企业融资过程中发生的问题，可以制定河南省科技型企业促进法、河南省科技企业担保管理法等具有针对性的法律文件，也可以制定河南省科技金融行业监管法来规范河南省科技金融的发展。

8.2.2　完善行政管理体系

完善的科技金融行政管理体系是提高科技金融投入产出效率的有效组织保障，由科技金融行政管理体系来统一协调河南省科技金融资源的分配，有效实现统筹管理科技金融相关问题，不仅可以提高办事效率，还可以降低管理成本，对河南省科技金融发展的规模效率和技术效率的提高有很大的帮助。当前，河南省并没有一个统一的科技金融行政管理体系，省发改委、财政部、银保监局、中小企业局等部门分别管理各自的事务，多头管理，缺乏一个领导机构。因此，河南省政府应牵头成立一个科技金融管理机构，让财政部、科技厅、中小企业局等部门都积极参与进来，统一对河南省科技金融发展中遇到的问题进行协商解决，既节省了资源，又提高了科技金融的运行效率。

8.2.3　健全信用担保制度

河南省政府必须健全和落实信用担保体系的政策和资金支持，才能保证中小企业融资的顺利进行。第一，科技金融信用担保体系建设涉及担保机构、保险机构等，河南省政府可设立用于建设科技金融信用担保体系的专项资金，并给予信用担保体系中的担保机构、保险机构一定的财政补贴。第二，要促进信用担保机构良好的运营，政府可以对符合条件的中小型科技企业信用担保机构实行税收优惠扶持政策，如减免营业税等，引导信用担保机构为中小型科技企业发展做贡献。第三，完善信用担保机构抵押合同登记服务工作，政府应下达文件让国土局、车管所和工商局等部门积极配合信用担保机构为中小型科技企业提供及时的服务。第四，政府应引导信用担保机构、商业银行成为合作伙伴，这样才能实现风险共担、互利互惠，促进中小型科技企业通过信用担保机构及时获得融资。第五，政府应建立风险补偿机制，引导信用担保制度由政府主导转变为市场主导，从而更加有效地配置信用资源。

8.2.4 发展信息服务平台

河南省政府应以政府为主导建立科技金融信息服务平台，各级人民银行配合政府工作，各种金融机构积极参与进来，共同为科技企业提供一个高效率的融资服务平台，提供多种综合的融资服务。在科技金融信息服务平台中，必须构建一个良好的科技企业信用体系，政府、人民银行、金融机构和社会信用机构均应贡献自己的力量，相互协调，为科技企业、银行和金融机构提供完善的信用服务。与此同时，为解决科技企业融资难的问题，在此信息服务平台上，应建立统一的网络信息服务体系，进行统一管理，让各大投融资机构和相关部门能够实现信息共享，提高融资效率。

8.2.5 加强政府财政扶持

河南省政府应加强对科技金融企业的财政扶持力度，可以从直接扶持资金和间接扶持资金两方面对科技金融企业进行扶持。第一，在运用财政直接扶持资金时，要依据各类扶持科技金融的计划和补贴标准进行分类，对符合补贴标准的中小型科技企业和技术人才给予一定的财政资金支持，对财政科技支出相对较少的地方进行重点扶持，以此来平衡各地市的财政科技支出。第二，政府的间接扶持资金主要包括风险补贴、税收优惠和创业投资引导基金。其中，风险补贴指政府对提供贷款给中小型科技企业的银行、担保公司和小额贷款公司给予一些产品补偿或损失补偿，保证这些金融机构获得的风险补贴和科技企业提供的利息的总额可以超过对其他企业贷款的综合收益；税收优惠指政府采取措施减少税收来降低科技金融的融资成本，比如减少科技企业技术转让费、降低新技术收入营业税，从而让科技企业获得更多的收益；创业引导基金指政府设立专业的基金管理团队，激励河南省的企业进行创业，为其设置投资激励政策，鼓励当地企业积极发展科技金融，提高科技金融融资效率。

8.2.6　完善社会服务体系

河南省应从金融服务体系建设、政府监管和中介服务机构三个方面积极完善社会服务体系。第一，进一步加强金融服务体系建设。河南省政府应大力发挥各大银行、信用社和专业贷款机构的优势，充分获取中小型科技企业的项目信息和控制风险等方面的优势，对科技企业进行充分的引导，更好地服务于河南省科技金融发展。第二，政府要加强对民间借贷的监管，正确引导民间借贷合法化，发展新的科技金融融资渠道。第三，河南省应尽快完善中介服务体系，必要时给予特定的支持，最好能够成立服务中心，为科技企业提供融资咨询和指导服务。

8.3　金融支持科技金融效率提升路径

本书借鉴了周经纬（2015）、孙承光（2016）等学者的研究，基于科技金融资源构成体系，从商业银行、多层次资本市场、科技保险和创业风险投资四个层面设计金融支持科技金融效率的发展路径。

8.3.1　商业银行层面

商业银行拥有非常丰富的资金资源，是最主要的金融机构之一，其可以为科技金融提供高效率的服务和资金支持。第一，河南省应充分利用国有四大银行、郑州银行、中原银行等，设立专业的科技金融机构，优化贷款审批流程，缩短贷款审批时间。第二，银行应推进企业次级担保体系建设，提高信贷信息的准确程度，为科技金融效率的提高做好保障。第三，河南省的各大银行应不断创新，根据河南省的金融环境和科技企业特点来发展适合科技型企业贷款的特色产品，让科技企业更容易获得贷款，提高贷款成功率。第四，银行应为科技企业建立独立的核算体系，把该核算体系计算的科技企业的盈利情况作为申请贷款的重要依据，进一步降低银行的风险。第五，加强风险管理机制，商业银行应该为不同类型的科技企业设置不同的贷款风险等级，制定贷款奖罚机制，对科技企业实施风险动态监管，预防贷款损失风险的发生。

8.3.2 多层次资本市场层面

河南省政府应积极发展多层次资本市场，包括主板市场（中小板市场）、创业板市场、全国性股权交易市场（新三板市场）和区域股权交易市场。第一，降低中小板市场的上市标准，因为当前情况下，中小板市场的上市标准与主板市场一致，会将众多中小型科技企业拒之门外，这违背了国家设置中小板市场的初衷，降低上市标准有利于一些有发展前景的科技型企业在中小板市场上市融资。第二，继续加强对科技企业的审核调查，让一些具有高成长性的中小型科技企业能够在创业板上市融资；对创业板公司的信息进行披露，完善市场融资制度，进一步建立规避风险的风险监管机制。第三，全国性股权交易市场，即“新三板”市场是场外交易市场，河南省可以优先推行市商制度，选用双边报价，通过推进私募机构、基金以及期货公司等非券商参与做市并加强监管，充分利用做市商制度优势打破券商垄断做市业务的现状，另外还可以建立完善的转板机制，适当降低挂牌成本，扩大企业的挂牌规模，增加科技企业的融资途径，进一步活跃新三板市场，提高融资效率。第四，河南省应进一步扩大区域股权交易市场规模，根据科技企业的发展规律和特点，优化板块设置，形成主板、成长板和孵化板“一市三板”的市场格局，让更多的中小型科技企业享受到区域性股权交易市场的服务。

8.3.3　科技保险层面

河南省应在科技保险层面制定相应的措施，来支持科技金融的发展。首先，保险公司应结合科技企业的实际情况，在已有的关于研发设备保险、小额贷款保证保险、高技术产品研发责任保险的基础上，不断增加科技保险产品的种类，如针对技术交易市场中技术专利的买卖设立“技术转让质量保证保险”，设立科技企业与保险公司共担风险的“企业保合作产品”，合理制定科技保险的价格，实现利益共享，进一步完善科技保险产品体系。其次，河南省应健全科技保险管理制度，向科技金融企业普及科技保险知识，加大科技保险资金投入，并重点培养一些科技保险专业人才，从而推动科技保险业的快速发展，提高科技金融发展的效率。

8.3.4　创业风险投资层面

河南省的风险资本来源比较单一，因此政府应从创业风险投资层面来拓宽科技金融企业的融资渠道。首先，政府应成立创业风险投资机构，通过建设风险投资引导基金或引入民间资本等方式为科技企业提供丰富的资金支持。其次，创业风险投资机构应采取一系列措施，保证筹集到的资金被合理利用，如做好资金的预算和管理、采用风险预防机制、优化人力资源等，进一步提高机构的运营效率，赢得科技企业的青睐。最后，要考虑市场退出机制的形式和便利性，一旦发生风险，投资机构要能够快速退出，避免造成更多的损失，因此创业风险投资机构应该建立完善的创业风险退出机制，退出机制应尽可能地灵活。对科技企业来说，应该充分利用创业板市场上市的机会，实现双方的共赢。

8.4 科技型企业促进科技金融效率提升路径

本书在借鉴张彦斌（2014）、付剑锋（2015）等研究的基础上，从科技企业的组织结构、产品市场、人力资源、资金预算和管理、对外交流与合作五个方面设计科技企业支持科技金融效率提升的路径。

8.4.1 完善科技企业的核心组织结构

科技企业的核心组织结构是实现其未来发展战略的组织保障，因此要合理划分其权责体系。第一，科技企业的核心是培养企业的技术研发团队，只有进行技术研发、产品创新才能保证科技企业生产效率的提高。技术研发团队必须综合市场的需求、企业自身实力和政府发展政策等内容，结合企业的研发目标，提高某一具体领域的技术水平，从而提高科技企业的市场竞争力。第二，科技企业应完善销售部门和客服部门，销售部门主要负责将科技研发团队的成果进行对外销售，提高企业的市场开拓能力，同时，应该注重提高科技企业的服务水平，维护企业形象，提高客户的满意度。第三，科技企业应建立质量监管部门，主要职能是保证科技企业研发的产品质量，进而提高企业的品牌形象和运营效率。

8.4.2 维护企业产品市场

科技企业应根据市场的需求不断创新，研发新技术、开发新产品，只有这样才能保证企业的产品不被市场淘汰。科技企业的研发团队可以通过技术交易市场获得新技术，也可以凭借自身实力研发新技术，然后将新技术投入生产，生产出新的符合市场需求的产品，以提高科技企业产品的市场占有率。营销部门也必须配合科技企业的研发团队进行宣传，让新产品获得市场和客户的认可，增加科技企业获取新客户的机会，也可以灵活运用数据挖掘技术去赢得潜在的客户。科技企业的服务人员应做好售后服务工作，通过营销部门和服务部门的共同努力，进一步提高科技企业的业务量，扩大科技企业的产品市场。

8.4.3　优化企业人力资源

对于科技企业来说，优秀的人力资源是非常重要的，因此科技企业必须优化人力资源结构，招聘优秀的科技创新型人才，并对他们进行培训，建立完善的绩效考核制度。首先，科技企业应招聘具有科技金融知识的复合型人才，把好招聘的源头。其次，对新入职的员工，应做好培训工作，让他们尽快适应企业的文化和制度，并且要重视培养企业的核心成员和创新人才，不仅要培训专业知识，还应培养综合知识和注重技能的提高，进一步优化企业的人才结构。最后，科技型企业要构建企业绩效综合管理体系，设计一套长期有效的激励制度，绩效考核指标应该灵活设计，具备一定的弹性，对财务岗位人员、科技研发岗位人员、营销管理人员进行分类考核和定期考核，考核结果与员工的薪酬挂钩，督促各岗位的员工各司其职，进一步促进科技型企业的发展。

8.4.4　加强企业资金预算及管理

科技资金预算和管理直接影响到企业的运营效率，因此科技企业应依据自身的发展情况，科学合理地做好年度资金预算，让资金得到科学合理的使用，产生最大的效益。第一，科技企业在计算负债比例时，不能以传统负债角度的筹资方式来计算，应按照对企业自身来说最佳的资本结构来计算筹资成本，从根本上降低企业的财务成本。第二，科技企业应制定一套科学合理的预算考核体系，对资金使用效率较高的部门或人员进行奖励，以肯定工作人员的努力，增强工作人员的积极性和工作责任心；对资金使用效率较低的部门进行一定惩罚，以起到监督和督促的作用。要通过落实预算考核体系来提高资金的使用效率和企业整体运营效率。第三，科技企业应保证企业财务信息及时更新，这就要求科技企业充分利用计算机网络技术和财务管理软件等先进财务管理技术载体，应用现代财务管理技术，加强企业资金管理与约束控制，提高企业运作效率。

8.4.5 开展对外交流与合作

河南省科技企业要抓住与金融投资机构交流和合作的机会，积极参加政府举办的科技研讨会，加强对外交流与合作，不断拓宽自身融资渠道。与此同时，科技型企业应加强与北京、天津科技企业的交流与合作，积极引进先进生产技术，提高企业生产效率。河南省政府应倡导建立科技企业行业协会，加强行业间相互交流与监督，降低行业风险，多参加北京、上海、天津以及河北等地创业投资机构举办的会议。总之，河南省科技企业应积极学习北京、天津等地的科技企业的优秀发展经验，多多参与对外交流与合作。

8.5 本章小结

本章从政府、金融和科技企业三个角度设计合理的河南省科技金融效率提升的建设性方案，明晰需要借鉴和努力发展的方向。第一，政府从健全科技金融法律保障体系、完善行政管理体系、健全信用担保体系、发展信息服务平台、加强政府财政扶持和完善社会服务体系方面来支持科技金融效率的提升；第二，金融市场应从商业银行、多层次资本市场、科技保险和创业风险投资四个层面来促进科技金融效率的提升；第三，科技企业要从完善自身核心组织结构、维护企业产品市场、优化企业人力资源、加强企业资金预算及管理、开展对外交流与合作五个方面来促进科技金融效率的提升。

第 9 章 河南省科技金融融合发展的对策

9.1 政府层面

9.1.1 做好“守夜人”，发挥好引导功能，创造良好的经营环境

（1）健全科技和金融结合体制，建立配套国家科技金融法律的相关规定

①河南省应在政府主导下，会同科技厅、财政厅、中国人民银行河南分行等机构共同建立配套国家科技金融法律的相关规定。河南省可从财政支持和税收优惠机制、科技金融创新机制、风险分担机制和抵押与担保机制等方面着手，建立科技金融服务综合体系和部门联动机制，更好地服务于高科技企业；并充分利用郑州及周边的区位优势，制定各地科技和金融结合的细化政策，形成郑州、新郑、洛阳等地的集聚效应，利用各地的优势带动科技和金融的结合（郑卓，2016）。

②制定促进中小型科技企业发展的规定，鼓励中小型科技企业创新。河南省应依据“市场为主、政府补充”的原则，明确规定政府在中小型科技企业融资中的职能，如政府直接购买中小型科技企业的产品或服务，以帮助中小型科技企业解决融资难的问题（丛飞，2011）。河南省对于科技企业发展中存在的不良影响要进行监督和管理，引导科技金融有序健康发展。

（2）建立激励与补偿机制，调动金融机构积极性

河南省应科学合理地利用财政资金，有效地化解正规金融机构的贷款

风险，建立激励和补偿机制。河南省应鼓励开展知识产权抵押贷款、票据融资等业务。一方面政府要对科技企业的贷款业务给予税收优惠，另一方面对设立专营机构或专项贷款达到一定比重的金融机构给予财政奖励。河南省启动了科技金融科技贷业务，力求提高正规金融机构对科技企业的支持力度，化解科技企业的融资困境。

（3）完善科技研发激励制度

为了完善科技研发激励制度，河南省政府制定了《河南省科技发展推动计划》，为设立专门的管理机构与种子基金提供法律依据。该计划明确规定了各部门财政支出中科技研发投入的比重，以及支持中小型科技企业的研发投入比重，科技厅、中国人民银行河南分行、财政厅等部门的职能和分工，明确了服务的对象。科技企业的良好发展需要政府为其创造良好的外部环境，要致力于发展对科技成果进行定价、评估、担保、财务、法律、信息咨询、资信评级等的中介服务机构。在多方的配合下，将政府、市场和社会三方的资源有效地结合起来。河南省要借助科学化和信息化的手段和方式，实现信息共享，以提升科技与金融结合的工作效率；要拓宽风险投资退出渠道，促进产权交易与并购；要统一质押登记制度，制定无形资产评估管理细则。

9.1.2 建立财政预算、使用、监管分立的财政资金使用体制

政府应组建中小企业管理局，专门实施政府出台的针对中小企业的各项政策。中小企业管理局负责为中小型科技企业提供金融、管理、咨询与培训等服务，下设中小型科技企业管理部门，主要为中小型科技企业提供资源统筹、预算建议、监督管理与信息发布等服务。政府部门应建立事业或企业建制的种子基金与科技孵化器，由中小企业管理局进行管理和监督，政府为中小企业管理局提供财政支持。这种模式不仅可以降低行政成本，而且可以提高财政支出的利用率，提高行政效率。

9.1.3　设立地区种子基金与科技孵化器

河南省政府应借鉴国外经验，在中小型科技企业管理部门监管下，通过财政投入设立专门为中小型科技企业发展服务的种子基金与科技孵化器。一方面，种子基金不能参与企业管理，只对初创期的科技企业提供短期贷款，并进行非控股股权投资，当企业要求回购时政府应无条件退出。另一方面，科学孵化器可以由当地高等院校和科研单位合作成立，采用事业单位或企业建制，主要提供人员培训、科技咨询、短期周转贷款和低息贷款等服务。种子基金侧重于投资，科学孵化器侧重于服务，二者共同为中小型科技企业提供科技金融创新服务。

9.1.4　组建“本土+引进”的科技金融人才团队

科技金融模式的创新需要眼界开阔、经验丰富的资深科技金融人才。在当前河南省科技金融高端人才匮乏的条件下，政府要在引才政策、福利待遇等方面给予倾斜，加强和支持省内相关机构从北京、上海、广州、深圳等沿海发达地区乃至海外引进科技金融高端人才，建立科技金融人才团队；在此基础上，还要加强与高校和专业培训机构的合作，培育一批本土化的懂科技、懂金融、懂企业的复合型人才队伍，来服务河南科技金融发展。不仅要引进各类科技人才，而且要引进相关的金融人才，以提高资源配置效率。

9.2　金融机构层面

9.2.1　鼓励商业银行设立科技银行

河南省政府应出台鼓励商业银行设立专门为科技企业服务的科技银行

的相关政策，组织专门从事科技金融业务的专家，建立科技企业的价值发现机制，对科技企业进行评审，在评审的基础上允许科技银行取得投资企业的股权、认股权或期权（张瑞，2014）。不仅如此，政府还要利用财政资金建立银行贷款的奖励机制，鼓励科技银行提高向科技企业贷款的总额度，政府对银行实施风险补偿制度，降低科技银行向科技创业企业贷款的风险。为切实解决轻资产的中小型科技企业融资难题，2016 年河南省科技厅制定了《河南省科技金融“科技贷”业务实施方案》，确定与中原银行、郑州银行、中国银行河南省分行、工商银行河南省分行和建设银行河南省分行等 6 家“科技贷”合作银行签署科技金融战略合作协议，引导银行为 1000 家左右中小型科技企业发放贷款，每年发放贷款 20 亿元以上，贷款年损失率控制在 5%以下（王立志、王喆，2017）。

9.2.2 丰富科技金融服务产品

为了拓宽科技企业的融资渠道，河南省金融机构应不断创新科技金融服务产品。金融机构可以从以下五个方面来丰富科技金融服务产品：第一，鼓励商业银行在对科技企业进行信贷审批和信贷管理时，依据科技企业的特点适度给予一定的优惠政策；第二，完善无形资产抵（质）押融资业务，将科技企业的专利权、商标权和知识产权纳入抵押担保品范围，开展知识产权抵押、股权质押和无抵押贷款；第三，与担保、保险、融资租赁等金融机构合作，针对科技成果转化和产业化项目共同开展“专利权保险+质押”贷款业务，不断拓展各类无形资产组合产品和融资模式；第四，支持科技企业通过发行债券、各种票据、资产证券化等方式来融资，引导符合条件的科技企业充分利用中小企业板、创业板、“新三板”等渠道进行上市融资；第五，探索“信贷+创投”的融资模式，科技企业与商业银行、产业投资和担保机构合作，开展投贷联动融资，不仅能提高融资额度，还能分散风险。

9.2.3　加大发行科技债券的力度

河南省政府可通过发行科技债券来解决科技企业的融资难题。针对单个科技企业规模小、融资数量有限的现状，政府应支持有条件的科技企业捆绑发行债券，可以把科技发展水平高、市场前景较好、预期效益好、资金需求高的企业联合起来，通过共同发行短期融资券、企业债券、集合债券等进行融资，将企业的科技贷款、收益权、收费权证券化，推动科技企业更好地发展。

9.2.4　加大科技创新园区的信贷支持力度

河南省政府应加大对科技创新园区的信贷支持力度，通过“园区贷”的创新模式，在园区内建立主办银行制度，坚持主办银行驻园区开展信贷业务。主办银行应为园区内的科技创新企业建立信用记录，依据信用记录有效配置信贷资金，为符合条件的科技企业提供一站式的金融服务，具体包括优化信贷审批手续，积极提供结算、融资、供应链金融、理财、代理、规避汇率风险等全方位的金融服务，以更好地支持科技园区的基础设施建设和快速发展。

9.2.5　完善科技金融创新综合服务平台的构建

河南省应进一步完善科技金融创新综合服务平台的构建工作，在政府部门的带领下，通过组织来保障科技金融的快速融合（邵传林、王丽萍，2016）。具体来说，可以从以下四个方面来构建科技金融创新综合服务平台：第一，河南省应建立省级科技金融综合服务中心，为科技企业提供投融资对接、行业分析、信息推广、信用评估、专业人才培训等全方位的投融资服务；第二，可借助郑洛新国家自主创新示范区建设的机会，将郑州打造成科技金融结合试验区，吸引科技和金融机构集聚到郑州，并建立配套的金融机构、担保机构、风险投资、科技保险、互联网金融和资本市场一体化的科技金融组织体系，有效实现科技资金与技术创新的对接，切实提高科技金融结合的效率；第三，建立河南省科技金融大数据研究平台，建立省、地、市科技金融服务中心的信息共享和交换系统，为分析区域内的科技企业的融资需求信息和各金融机构的投资需求信息服务；第四，将财政体制、社会资本和金融体系结合起来，通过实时的动态投融资对接系统，形成驱动科技金融创新的支撑体系（奚宾，2013）。

9.2.6 建立健全科技金融风险担保与分摊机制

河南省应借助互联网金融等新兴技术，健全科技金融发展的风险担保与分摊机制，加强和支持科技担保业务的发展，如强化知识产权质押担保、设立信贷风险补偿专项基金等，探索覆盖政府引导基金、科技担保、科技保险、科技信贷等多方合作的融资担保机制，提高科技金融的运作效率。同时，河南省应将信贷业务与保险业务进行深度融合，补齐科技保险的短板（奚宾，2013）。河南省知识产权局先后与交通银行、郑州银行、中国银行、民生银行签订了总额达 130 亿元的支持中小企业知识产权质押融资的战略合作框架协议，全省已有 8 家银行开展了知识产权质押融资业务。政府应加大创业风险投资，设立政府引导基金，鼓励民间资本参与建立创业基金，大力发展创业投资行业。政府也应该出台相应的鼓励民营创投企业发展的政策，如减少创投企业的税收，并且严格落实相关的优惠政策，让创业风险投资机构真正为科技企业融资和咨询提供服务。

9.3 资本市场层面

9.3.1 大力发展多层次资本市场体系

河南省应该按照“政府引导、市场运作、社会参与”的原则，大力发展多层次的资本市场融资体系，增加科技企业的融资渠道。首先，政府应积极推动河南区域性资本市场的发展，鼓励有条件的科技企业在国内外资本市场上市融资。其次，政府应汲取经验，积极推动中原股权交易中心的发展，探索解决各地四板市场存在的融资困境和交投不活跃问题的对策，为河南省中小型科技企业提供融资展示平台。最后，河南省政府还需要建立完善的风险投资体系，制定允许境外的科技企业在国内上市的政策，推出创业板市场国际板等，通过一系列的措施保证创业板拥有顺畅的退出机制，按照优胜劣汰规律促进创业板市场健康发展。

9.3.2 鼓励科技创新型企业通过债券市场融资

河南省应该借鉴发达国家经验，积极开展直接债务融资工作，对符合要求的科技企业进行债券融资宣传和培训工作，让它们能够通过债券市场筹集所需要的资金。政府应加强与银行、市场、交易商协会的业务合作，帮助优质科技企业顺利发行债券，实现共赢。同时，政府应通过简化发行流程，完善直接债务融资工具发行机制，提供公司债券、短期融资券、中期票据和企业票据等融资方式，让符合条件的中小型科技企业选择适合自己的融资方式（王茜、尉佳，2012）。河南省应将科技贷款、收益权和收费权等多种资产证券化，探索适合发展科技信贷的资产证券化和科技资产支持票据，降低企业融资成本，提高企业风险管理能力，推动科技企业优化资产结构，实现科技企业的可持续发展。

9.3.3 提高发展区域性股权交易市场的力度

河南省应大力发展区域性股权交易市场，形成股权交易系统、产权交易系统和银行系统“三位一体”的金融服务体系，与全国中小企业股份转让系统进行有效对接（李俊德，2014）。区域性股权交易市场拥有代办股权转让系统，因此它具有接受主板退市股票的功能、对科技企业投融资和规范改制的功能、登记托管和培育孵化的功能，可以为中小创业板提供优质的上市企业资源。完善的区域性股权交易市场可以吸引各类投资机构、基金、证券经纪商、监管机构聚集在一起（赵恒煜，2015），为科技企业提供多种金融服务，更好地促进科技企业进行直接融资和间接融资，进而使企业快速地发展壮大。

9.3.4 创新金融资产交易品种

河南省政府应不断完善金融资产交易平台，丰富技术产权交易市场，创新金融资产交易品种，具体包括科技成果转让、知识产权质押和技术产权交易等，进一步为科技企业提供完善的金融服务。为初创期的科技企业提供产权交易服务，可以不断推动其向成长期和成熟期发展。河南省应为科技企业提供一个金融资产交易的综合流动性平台，更好地促进物权、股权、知识产权和债券等各类金融资产要素的融合（林伟光，2014）。

9.4 本章小结

本章主要从政府、金融机构和资本市场方面探讨推进河南省科技金融发展的政策安排。政府层面，应建立完善的科技金融法律体系，建立财政预算、使用、监管分离的财政资金使用体制，设立地区种子基金与科技孵化器，加强科技金融人才供给；金融机构层面，应鼓励商业银行设立科技银行、丰富科技金融服务产品、加大发行科技债券力度、加大科技创新园区的信贷支持力度、构建科技金融创新综合服务平台、建立健全科技金融风险担保与分摊机制；资本市场层面，应大力发展多层次资本市场体系、鼓励科技型企业通过债券市场融资、加大发展区域性股权市场的力度、创新金融资产交易品种。总之，科技金融各主体应各司其职，针对科技企业资产少、专业性强和风险高的特征，充分利用财政资金的引导作用，降低科技金融贷款风险，更好地为科技金融的良好发展贡献力量。

第 10 章

总结和思考

10.1 总结

第一，本书围绕科技金融概念、科技金融的机制、科技金融的互动与融合、科技金融融合效率、科技金融融合的风险等内容对相关文献进行了较为系统的梳理和归纳，为本书的理论分析和实证研究奠定了基础。

第二，本书对科技金融的“麦克米伦缺口”理论、投资与技术创新不可分割论、演化经济理论与技术创新路径、“技术-经济范式”理论等相关理论进行了梳理。通过回顾新中国成立以来我国科技金融发展融合的历程，来了解科技金融发展融合的历史脉络：科技金融发展融合经历了萌芽酝酿期、起步探索期、多元发展期、快速协调发展期和不断融合期五个阶段。本书通过对科技金融投入和产出的具体指标进行分析，研究了河南省科技金融发展融合的现状：在投入上，保障性政策得到进一步完善、财政科技拨款逐年增加、R&D 经费支出持续增长；在产出上，科技成果产量逐年增加、科技成果转化率逐年上涨、科技成果产业化水平稳定增长。虽然河南省科技金融发展取得了一定的成就，如拓宽了科技企业的融资渠道、科技成果丰硕、科技企业科技产量大幅度提升、自主创新成果显现、产业技术实现了创新等，但仍存在“短板”，如缺乏多元化的金融服务体系、金融支持保障机制不完善、科技经费投入总量和结构不够理想、与发达地区相比较还存在较大的差距。

第三，本书进一步验证了科技金融融合效率的有效性，构建了包括 R&D 经费支出、地方财政科技拨款、高技术产业新增固定资产在内的反映金融投入的指标和发表科技论文、发表专利授权数、技术市场成交合同额、高技术产业新产品销售收入在内的反映科技产出的指标的河南省科技金融融合效率评价模型，并运用 DEA 方法对河南省 2001—2016 年科技金融效率进行估算，发现河南省支持科技创新的金融投入还存在一定的优化空间。河南省在注重科技金融投入的同时，应加强对投入要素的有效管理，提高科技金融投入的综合效能，以促进科技金融与科技产出的协调快速发展。本书从宏观角度对科技创新的资金来源主体（政府、企业、金融机构、资本市场）对河南省科技金融的影响因素进行分析，并对科技金融效率的影响因素进行具体量化，探明了影响科技金融效率的重要因素为企业 R&D 资金投入力度、金融机构年底各项贷款余额占 GDP 的比重、创业风险投资机构数量、R&D 人员折合全时当量。

第四，本书实证分析了科技金融对河南省高技术产业的影响，并揭示了科技金融促进高技术产业发展的资本形成机制、风险分散机制和信息公开机制。①河南省政府加大了对高技术产业 R&D 经费的投入，人才引进机制也不断完善。②河南省金融机构不断创新科技金融产品，为本地高技术产业保驾护航，并搭建科技金融合作平台，助力中小型高技术企业成长。本书构建了柯布-道格拉斯生产函数，对科技金融对高技术产业发展的影响进行实证研究，总体上，科技金融可以很好地促进高技术产业的发展。具体来讲，一是人才储备始终是产业发展的原动力，技术产业 R&D 经费内部支出对高技术产业产值增长起到了正向推动作用，但支持的力度尚显不足，企业自身资金的不断投入是科技创新的最根本的动力；二是政府财政支持对河南省高技术产业的发展起到了正向引导作用，但支持力度仍需进一步加大；三是金融机构的贷款对高技术产业的发展起到了一定的推动作用，但推动力度稍显不足；四是科技资本市场投入额的增加明显促进了河南省高技术产业的发展；五是高技术企业数量与高技术产业发展有一定的相关性。

第五，河南省科技金融发展不仅需要自主创新，还需要“见贤思齐”，在对不同国家和地区的科技金融发展模式进行扬弃的基础上，走出一条立足河南省情的科技金融模式，有效助力河南省金融高质量发展，更好地服务实体经济。

第六，河南省科技金融效率的提升需要政府、金融机构、资本市场和企业各司其职、多管齐下，以实现科技金融主体的良性互动，提升河南省科技金融融合的效率，推动河南金融向高质量发展迈进。

10.2　思考

科技已成为我国建设创新型国家的重要推动力，然而科技创新需要大规模的资金支持，如果缺乏完善的融资体系，科技创新和科技成果将难以产业化。如果无法提升科技企业的创新能力，就无法通过科技创新带动产业结构优化升级，进而形成新的经济增长点。发达国家的科技创新经验表明，科技金融的融合发展已经成为高科技企业快速发展的前提。健全的科技金融政策、完善的资本市场体系、丰富的科技金融产品，都可以提高科技创新能力，也是促进科技成果产业化、科技研发和科技成果转化的基础和保障。科技与制度双轮驱动是创新型国家建立的基础。

河南省处于全面推进粮食生产核心区建设、郑州航空港经济综合试验区建设、中原经济区建设的关键时期，要想加快经济发展、形成核心竞争力，加大科技投入是关键，而金融作为社会经济系统的核心，可以有效支撑科技企业的发展，因此必须研究科技金融融合发展的有效模式，从而促进河南省的产业结构优化升级，提高河南省科技金融创新驱动能力，助力河南省科技金融高质量发展。

河南省的科技金融相关政策尚未完善，且由于河南省在政治、法律、财务等方面与我国其他省份也存在差异，因此探索出一条适合河南省省情的科技金融深度融合之路仍任重道远。

参考文献

[1] Ari Hyytinen, Otto Toivanen. Do Financial Constraints Hold Back Innovationand Growth? Evidence on the Role of Public Policy [J]. Research Policy, 2005, 34 (9): 1385-1403.

[2] Arner, D. W., Barberis, J., Buckley, R. P. The Evolution of Fintech: A New Post-Crisis Paradigm? [R]. University of Hong Kong Faculty of Law Research Paper No. 2015/047, 2015: 1-45.

[3] Arthur, W. Brian. Positive Feedbacks in the Economy [J]. Scientific American, 1990, 262 (2): 92-99.

[4] Arthur, W. B. Competing Technologies, Increasing Returns, and Lock-In by Historical Events [J]. The Economic Journal, 1989, 99 (394): 116-131.

[5] Atanassov, Julian, Nanda, Vikram K., Seru, Amit. Finance and Innovation: The Case of Publicly Traded Firms (May 1, 2007) [R]. Ross School of Business Paper No. 970, AFA 2007 Chicago Meetings Paper, EFA Zurich Meetings Paper, 2006.

[6] Audertsch, D. Innovation and Industry Evolution [M]. USA: MIT Press, 1996.

[7] Balmann, A., Odening, M., Weikard, H. -P., Brandes, W. Path-dependence without Increasing Returns to Scale and Network Externalities [J]. Journal of Economic Behavior & Organization, 1996, 29 (1): 159-172.

[8] Barberis, J. The rise of Fintech: Getting Hong Kong to Lead the Digital Financial Transition in APAC [J]. FinTech HK, 2014, 11 (1): 1-24.

[9] Bencivenga, Valerie R., Smith, Bruce D., Starr, Ross M. Transactions Costs, Technological Choice, and Endogenous Growth [J]. Journal of Economic Theory, 1995, 67 (1): 153-177.

[10] Bettinger, A. Fintech: A Series of 40 Time Shared Models Used at Manufacturers Hanover Trust Company [J]. Interfaces, 1972, 2 (4): 62-63.

[11] Black, B. S., Gilson, R. J. Venture Capital and the Structure of Capital Markets: Banks Versus Stock Markets [J]. Journal of Financial Economics, 1998, 47 (3): 243-277.

[12] Carlota Perez. Technological Revolutions and Financial Capital: The Dynamics of Bubbles and Golden Ages [M]. Edward Elgar, Cheltenham, UK Northampton, MA, USA, 2002.

[13] Catherine Armington. Formation and Growth in High Technology Businesses: A Regional Assessment [M]. Brookings Institution, 1983.

[14] Charles I. Jones, Dietrich Vollrath. Introduction to Economic Growth [M]. W. W. Norton & Company, New York, London, 2013.

[15] David, P. A. Clio and the Economics of QWERTY [J]. The American Economic Review, 1985, 75 (2): 332-337.

[16] Dosi, G. Technological Paradigms and Technological Trajectories: A Suggested Interpretation of the Determinants and Directions of Technical Change [J]. Research Policy, 1982, 11 (3): 147-162.

[17] Dosi, Giovanni. Sources, Procedures, and Microeconomic Effects of Innovation [J]. Journal of Economic Literature, 1988, 26 (3): 1120-1171.

[18] Freeman, R. E. Strategic Management: A Stakeholder Approach [M]. Pitman, Boston, MA, 1984.

[19] Garud, R., Karnøe, P. Path Dependence and Creation [M]. Lawrence Erlbaum Associates, 2001.

[20] Gilles Saint-Paul. Technological Choice, Financial Markets and Eco-

nomic Development [J]. European Economic Review, 1992, 36 (4): 763-781.

[21] Gurley, J. G., Shaw, E. S. Money in a Theory of Finance [M]. Washington, DC, Brookings Institution, 1960.

[22] Hall, B. H. The Financing of Research and Development [J]. Oxford Review of Economic Policy, 2002, 18 (1): 35-51.

[23] Holland, J. H. Hidden Order: How Adaptation Builds Complexity [M]. Helix Books, Addison-Wesley Publishing Company, 2009.

[24] Jensen, M. C., Meckling, W. H. Theory of the Firm: Managerial Behavior, Agency Costs and Ownership Structure [J]. Journal of Financial E-conomics, 1976, 3 (4): 305-360.

[25] Jeong, H., Townsend, R. M. Sources of TFP Growth: Occupational Choice and Financial Deepening [J]. Economic Theory, 2007, 32 (1): 179-221.

[26] John G. Gurley, Edward S. Shaw. Money in a Theory of Finance [M]. Washington: The Bookings Institution, 1960.

[27] Jonathan, B. Berk, Peter, M. DeMarzo. Corporate [M]. Pearson, 2017.

[28] Jun, J., Yeo, E. Entry of FinTech Firms and Competition in the Retail Payments Market [J]. Asia-Pacific Journal of Financial Studies, 2016, 45 (2): 159-184.

[29] Jun, J., Yeo, E. Entry of Fin-Tech Firms and Competition in the Retail Payments Market [J]. Asia-Pacific Journal of Financial Studies, 2016, 45 (2): 159-184.

[30] Kim, Y., Park, Y.-J., Choi, J. The Adoption of Mobile Payment Services for "Fintech" [J]. International Journal of Applied Engineering Re-search, 2016, 11 (2): 1058-1061.

[31] King, R. G., Levine, R. Finance, Entrepreneurship and Growth

[J]. Journal of Monetary Economics, 1993, 32 (3): 513-542.

[32] Levine R, Loayza N, Beck T. Financial Intermediation and Growth: CauSality and Causes [J]. Journal of Monetary Economics, 2000, 46 (1): 31-77.

[33] Li, S. Z. A Literature Review of Technology and Finance [J]. Canadian Social Science, 2015, 11 (11): 89-93.

[34] Lončarski, I. Risk Management [J]. Risk Management, 2016, 18 (1): 1-3.

[35] Maier, E. Supply and Demand on Crowdlending Platforms: Connecting Small and Medium-sized Enterprise Borrowers and Consumer Investors [J]. Journal of Retailing and Consumer Services, Elsevie, 2016, 33 (C): 143-153.

[36] Mani,S. Government, Innovation and Technology Policy: An International Comparative Analysis [J]. International Journal of Technology and Globalisation, 2004, 1 (1): 29-44.

[37] Marc Hochstein. BankThink Fintech (the Word, That Is) Evolves [EB/OL]. https://www.americanbanker.com/opinion/fintech-the-word-that-is-evolves, 2015.

[38] Martinsson G. Equity Financing and Innovation: Is Europe Different from the United States? [J]. Journal of Banking & Finance, 2010, 34 (6): 1215-1224.

[39] Marx, K., Engels, F. The Communist Manifesto (1848) [A] // K. Marx and F. Engels. Selected Works (vols. 2) [M]. Foreign Languages Publishing House, Moscow, 1951.

[40] Massimo Colombo, Luca Grilli. Funding Gaps? Access To Bank Loans By High-Tech Start-Ups [J]. Small Business Economics, 2007, 29 (1): 25-46.

[41] Micu, I., Micu, A. Financial Technology (FinTech) and its Im-

plementation on the Romanian Non - Banking Capital Market [J]. SEA - Practical Application of Science, 2016, Ⅳ (11): 379-384.

[42] Mokyr J. Punctuated Equilibria and Technological Progress [J]. The American Economic Review, 1990, 80 (2): 350-354.

[43] Nelson, R. R. , Winter, S. G. An Evolutionary Theory of Economic Change [M]. The Belknap Press of Harvard University Press Cambridge, Massachusetts, and London, England, 1985.

[44] Nelson, R. R. , Winter, S. G. Firm and Industry Response to Changed Market Conditions: An Evolutionary Approach [J]. Economic Inquiry, 1980, 18 (2): 179-202.

[45] Nelson, Richard R. High-Technology Policies: A Five-Nation Comparison [M]. American Enterprise Institute, 1984.

[46] Oxford English Dictionary. fintech [EB/OL]. http: //www. oxforddictionaries. com/definition/english/fintech, 2016.

[47] Paul. T. , Durbin. A Guide to the Culture of Science, Technology and Medicine [M]. New York: Free Press, 1980.

[48] Perez C. Finance and Technical Change: A Long-term View [J]. African Journal of Science, Technology, Innovation and Development, 2011, 3 (1): 10-35.

[49] Pillaiyan, S. Macroeconomic Drivers of House Prices in Malaysia [J]. Canadian Social Science, 2015, 11 (9): 119-130.

[50] Ram Mudambi, Jonas Puck. A Global Value Chain Analysis of the "Regional Strategy" Perspective [J]. Journal of Management Studies, 2016, 53 (6): 1076-1093.

[51] Redding S. Path Dependence, Endogenous Innovation, and Growth [J]. International Economic Review, 2002, 43 (4): 1215-1248.

[52] Rosenberg, N. Inside the Black Box: Technology and Economics

[M]. Cambridge University Press, 1994.

[53] Ruttan, V. W. Induced Innovation, Evolutionary Theory and Path Dependence: Sources of Technical Change [J]. The Economic Journal, 1997, 107 (444): 1520-1529.

[54] Saint-Paul, G. Technological Choice, Financial Markets and Economic Development [J]. European Economic Review, 1992, 36 (4): 763-781.

[55] Schueffel, P. Taming the Beast: A Scientific Definition of Fintech [J]. Journal of Innovation Management, 2016, 4 (4): 32-54.

[56] Schumpeter, J. Backhaus. The Theory of Economic Development, the European Heritage in Economics and the Social Sciences [M]. Springer, Boston, MA, 2003.

[57] Schumpeter, J. A. The Theory of Economic Development: An Inquiry into Profits, Capital, Credit, Interest, and the Business Cycle (1912/1934) [M]. Transaction Publishers, 1982.

[58] Schumpeter, Joseph A. Business Cycles. A Theoretical, Historical and Statistical Analysis of the Capitalist Process [M]. New York Toronto London: McGraw-Hill Book Company, 1939.

[59] Shim, Y., Shin, D. -H. Analyzing China's Fintech Industry from the Perspective of Actor-Network Theory [J]. Telecommunications Policy, 2016, 40 (2-3): 168-181.

[60] Solow, R. M. Technical Change and the Aggregate Production Function [J]. The Review of Economics and Statistics, 1957, 39 (3): 312-320.

[61] Stack, M., Gartland, M. P. Path Creation, Path Dependency, and Alternative Theories of the Firm [J]. Journal of Economic Issues, 2003, XXXVII (2): 487-494.

［62］ Stulz，R. M. Financial Structure，Corporate Finance and Economic Growth［J］. International Review of Finance，2000，1（1）：11-38.

［63］ Thomas Abbott，Robert McGuckin，Paul Herrick，et al. Measuring the Trade Balance in Advanced Technology Products［R/OL］. Center for Economic Studies Working Papers，U. S. Census Bureau，1989，89-1. https//ideas. repec. ang/p/cen/wpaper/89-1. himl.

［64］ Tobin J. Estimation of Relationships for Limited Dependent Variables［J］. Econometrica，1958，26（1）：24-36.

［65］ Wikipedia. Financial Technology［EB/OL］. https：//en. wikipedia. org/wiki/Financial technology，2016.

［66］ Wurgler J. Financial Markets and the Allocation of Capital［J］. Journal of Financial Economics，2000，58（1-2）：187-214.

［67］ Xie，P.，Zou，C. The Theory of Internet Finance［J］. China Economist，2013，8（2）：1-15.

［68］ Xie，P.，Zou，C.，Liu，H. The Fundamentals of Internet Finance and Its Policy Implications in China［J］. China Economic Journal，2016，9（3）：240-252.

［69］ 白敏．北京市科技金融创新发展研究［D］. 北京：首都经济贸易大学，2013.

［70］ 曹颢，尤建新，卢锐，等．我国科技金融发展指数实证研究［J］. 中国管理科学，2011，19（3）：134-140.

［71］ 常永胜．论高科技成果转化的金融支持机制［J］. 中国经济问题，2000（4）：51-56.

［72］ 陈道江，周红．演化经济理论的渊源与发展［J］. 商业研究，2003（24）：21-24.

［73］ 陈涤非．金融与科技：在互动中共同发展［J］. 现代经济探讨，2002（6）：45-47.

[74] 陈福生．科技金融的国际经验与福建模式研究［J］．福建金融，2016（11）：38-42.

[75] 陈国进，可钦锋．金融支持科技进步的作用机制研究［J］．福建江夏学院学报，2012，2（1）：23-27+46.

[76] 陈华．江苏省科技金融支撑高技术产业效率及其影响因素研究［D］．扬州：扬州大学，2016.

[77] 陈军梅．基于 DEA-Malmquist 指数方法的宁夏科技金融结合效率研究［J］．宁夏大学学报（人文社会科学版），2014，36（4）：141-146.

[78] 陈益升，刘鲁川．高技术概念定义的分析［J］．自然辩证法通讯，1988（5）：38-49.

[79] 陈游．美德科技金融模式对破解我国中小高科技企业融资难的启示［J］．西南金融，2016（1）：52-56.

[80] 程贵．技术创新与金融结构关系的研究进展［J］．财会研究，2011（7）：72-74.

[81] 程昆，刘仁和，刘英．风险投资对我国技术创新的作用研究［J］．经济问题探索，2006（10）：17-22.

[82] 仇荣国．科技型小微企业融资模式及其机制研究［D］．镇江：江苏大学，2017.

[83] 串善民，许金花，黄灿．科技金融：理论、实践与案例——兼论广东科技金融结合的机制与对策［M］．北京：中国经济出版社，2015.

[84] 丛飞．中小企业融资对科技创新的影响研究［D］．西安：陕西师范大学，2011.

[85] 崔毅，赵韵琪，杨丽萍，等．基于 DEA 方法的广东科技与金融结合效益评价［J］．华南理工大学学报（社会科学版），2010，12（2）：10-13.

[86] 寸晓宏，李秋蕾，吴志娟．发展风险投资业，促进高技术产业化［J］．财经科学，2000（2）：286-289.

［87］单玉丽．台湾中小企业信用保证基金运行机制及其借鉴［J］．福建金融，2012（6）：4-9.

［88］邓天佐．加强科技创新产业化能力建设的思考与对策［J］．中国科技论坛，2010（8）：15-19.

［89］邓向荣，周密．“麦克米伦缺口”及其经济学分析［J］．南开经济研究，2005（4）：63-68.

［90］丁革化．科技金融携手扶持高新科技企业［J］．特区科技，1992（4）：40-41.

［91］杜栋，庞庆华，吴炎．现代综合评价方法与案例精选［M］．北京：清华大学出版社，2012.

［92］樊星．科技金融理论与实践悖论分析［J］．中国科技论坛，2011（3）：159-160.

［93］方文丽．科技金融创新中的问题及建议［J］．中国科技投资，2011（5）：32-34.

［94］房汉廷．关于科技金融理论、实践与政策的思考［J］．中国科技论坛，2010（11）：5-10+23.

［95］房汉廷．中国科技金融简史及政府责任［J］．广东科技，2015，24（21）：18-22.

［96］甘秀文．基于生命周期理论的科技型企业融资策略探究［J］．财会通讯，2015（5）：18-21.

［97］高莉．OECD 国家高技术产业增加值率的影响因素——对中国高技术产业转型升级的启示［J］．科技管理研究，2010，30（23）：116-119.

［98］高旋．基于 DEA-Tobit 的我国低碳经济板块上市公司投资效率研究［D］．哈尔滨：东北农业大学，2013.

［99］顾淑林．高技术项目开发与高技术项目评价——中国科学院六个高技术项目案例分析［J］．管理世界，1988（4）：156-166.

［100］郭林涛，禹志明．河南科技金融模式研究［J］．决策探索

（下），2019（8）：10-12.

［101］韩俊华．科技与金融融合机制研究［J］．吉林金融研究，2020（9）：40-42.

［102］郝丽红．科技——金融创新的原动力［J］．广东金融电脑，1999（6）：8-10.

［103］洪银兴．科技金融及其培育［J］．经济学家，2011（6）：22-27.

［104］胡苏迪，蒋伏心．基于LS模型的科技金融中心集聚研究［J］．科研管理，2020，41（9）：123-131.

［105］胡苏迪，蒋伏心．科技金融理论研究的进展及其政策含义［J］．科技与经济，2012，25（3）：61-65.

［106］华玉燕，赵纳．基于DEA方法的科技金融结合效率研究——以安徽省为例［J］．金融教育研究，2013，26（3）：46-49.

［107］黄灿，许金花．日本、德国科技金融结合机制研究［J］．南方金融，2014（10）：57-62.

［108］李善民，杨荣．韩国科技与金融的结合机制研究［J］．南方金融，2014（2）：40-45.

［109］黄国平，孔欣欣．金融促进科技创新政策和制度分析［J］．中国软科学，2009（2）：28-37.

［110］黄健青，张碧倩，陈进．中关村科技金融服务有效层次融资模式的研究［J］．国际商务（对外经济贸易大学学报），2013（5）：37-44.

［111］黄先海，杨高举．高技术产业的国际分工地位：文献述评与新的分析框架［J］．浙江大学学报（人文社会科学版），2009，39（6）：145-154.

［112］黄宪，熊福平．外资银行在中国发展的经营动机和经营策略分析［J］．金融研究，2005（2）：82-93.

［113］回广睿．我国科技金融的效率评价及其影响因素分析［D］．西安：西北大学，2014.

［114］纪琼骁．麦克米伦缺欠与中小企业政策性融资［J］．金融研

究，2003（7）：111-118.

［115］江湧，闫晓旭，刘佐菁，等．基于DEA方法的科技金融投入产出相对效率分析——以广东省为例［J］科技管理研究，2017（3）：69-74.

［116］姜劲，徐学军．技术创新的路径依赖与路径创造研究［J］．科研管理，2006（3）：36-41.

［117］姜欣欣．寻找科技创新与金融创新的融合之道［N］．金融时报，2012-09-10（009）.

［118］蒋芳．基于DEA-Tobit二阶段法的城市商业银行效率评价［D］．南昌：南昌大学，2015.

［119］揭红兰．科技金融、科技创新对区域经济发展的传导路径与实证检验［J］．统计与决策，2020，36（1）：66-71.

［120］金荣学，胡智煜，龙小燕，等．我国科技型中小企业金融服务体系创新探索［J］．经济研究参考，2014（25）：23-29.

［121］科技部．高技术企业认定管理办法［EB/OL］．http：//www.most.gov.cn/ztzl/qgkjgzhy/2009/2009zxbd/200902/t20090205_ 67158.htm，2008-4-28.

［122］科技部．科技部火炬中心、财政部税政司、税务总局所得税司负责人就《高技术企业认定管理办法》有关问题答记者问［EB/OL］．http：//www.most.gov.cn/kjbgz/201603/t20160304_ 124490.htm，2016-03-04.

［123］雷鸣．财政金融支持科技成果转化研究［D］．成都：西南交通大学，2017.

［124］李成，郝俊香．基于金融安全的资本流动：理论解读与中国实证［J］．国际金融研究，2006（8）：54-59.

［125］李丛文．金融创新、技术创新与经济增长——新常态分析视角［J］．现代财经（天津财经大学学报），2015，35（2）：13-24.

［126］李国林．构建科技金融服务体系，促进科技型中小企业发展［J］．中国浦东干部学院学报，2012，6（3）：101-106.

［127］李华军．改革开放四十年：科技金融的实践探索与理论发展

[J]. 科技管理研究，2019，39（11）：63-70.

[128] 李健，马亚．科技与金融的深度融合与平台模式发展[J]. 中央财经大学学报，2014（5）：23-32.

[129] 李俊德．建构中小企业优质融资环境研究[D]. 福州：福建师范大学，2014.

[130] 李林汉，王宏艳，田卫民．基于三阶段DEA-Tobit模型的省际科技金融效率及其影响因素研究[J]. 科技管理研究，2018（2）：231-238.

[131] 李旻晖，刘淑萍．推动苏州科技金融创新发展的对策分析[J]. 北方经贸，2016（9）：94-95.

[132] 李森森．我国科技型小微企业成长的影响因素研究[D]. 济南：山东大学.2014.

[133] 李善民，陈勋，许金花．科技金融结合的国际模式及其对中国启示[J]. 中国市场，2015（5）：40-47.

[134] 李小雅．京、沪、深科技金融发展差异比较及其对高技术产业竞争力的影响分析[D]. 上海：上海师范大学，2017.

[135] 李雅莉．河南省科技金融产品的供需对接研究[J]. 区域经济评论，2016（1）：120-123.

[136] 李轶．科技金融创新业务模式研究——以中新力合为例[D]. 杭州：浙江大学，2017.

[137] 李颖，凌江怀，王春超．金融发展对国内科技创新影响的理论与实证研究——基于对广东省面板数据的分析[J]. 科技进步与对策，2009，26（23）：9-15.

[138] 李颖．分层视角的科技产业与金融结合路径探析[J]. 产经评论，2011（3）：12-24.

[139] 李正．高技术产业定义与统计体系[J]. 现代企业，2005（7）：39-40.

[140] 廖添土．科技投入的国际比较与科技金融支持体系的构建

[J]. 金融电子化，2007 (5)：83-85.

[141] 林伟光. 我国科技金融发展研究 [D]. 广州：暨南大学，2014.

[142] 林毅夫，李永军. 中小金融机构发展与中小企业融资 [J]. 经济研究，2001 (1)：10-18.

[143] 刘刚. 企业的异质性假设——对企业本质和行为基础的演化论解释 [J]. 中国社会科学，2002 (2)：56-68.

[144] 刘佳宁. 科技、金融、产业“三融合”的广东实践 [J]. 南方经济，2015 (9)：112-116.

[145] 刘降斌，李艳梅. 区域科技型中小企业自主创新金融支持体系研究——基于面板数据单位根和协整的分析 [J]. 金融研究，2008 (12)：193-206.

[146] 刘志彪. 科技银行功能构建：商业银行支持战略性新兴产业发展的关键问题研究 [J]. 南京社会科学，2011 (4)：1-7.

[147] 龙勇，杨晓燕. 风险投资对技术创新能力的作用研究 [J]. 科技进步与对策，2009 (23)：16-20.

[148] 卢金贵，陈振权. 广东科技金融工作的实践及对策研究 [J]. 科技管理究，2010 (30).

[149] 芦锋，韩尚容. 我国科技金融对科技创新的影响研究——基于面板模型的分析 [J]. 中国软科学，2015 (6)：139-147.

[150] 陆岷峰，张惠. 构建以科技商业银行为核心的科技金融管理体制 [J]. 金融理论与教学，2011 (6)：6-10.

[151] 陆岷峰. 当代中国十大金融问题解析 [M]. 北京：中国金融出版社，2016：302-356.

[152] 吕江林，王新龙，宋高堂. 中部地区与东部发达省市科技与金融结合效率的比较研究——基于 DEA 方法的分析 [J]. 金融与经济，2012 (10)：7-11.

[153] 马卫刚. 兵团科技金融发展模式研究 [D]. 石河子：石河子大

学，2014.

[154] 马垠，曾繁荣．科技型企业财务预警模型的建立［J］．技术与创新管理，2008（1）：46-48+55.

[155] 麦金农．经济发展中的货币和资本［M］．上海三联书店，1988.

[156] 潘月勇．科技金融支持山东中小企业发展研究［D］．济南：山东财经大学，2016.

[157] 漆涛．美国企业债券融资的经验及启示［J］．价格月刊，2007（12）：74-75.

[158] 秦佩，池昭梅，李小琦．财政科技投入模式创新探析——基于广西科技金融平台构建的视角［J］．经济与社会发展，2013，11（2）：48-51+95.

[159] 阙方平．对症下药方能破解中小企业融资难题［J］．银行家，2017（2）：36-39.

[160] 商惠敏，方秀文，蒋玉涛，等．广东省科技金融结合模式与政策研究［J］．广东科技，2015，24（8）：6-7+10.

[161] 尚福林．进一步加强科技与金融的结合［J］．高科技与产业化，1997（4）：4-5+24.

[162] 邵传林，王丽萍．创新驱动视域下科技金融发展的路径研究［J］．经济纵横，2016（11）：65-69.

[163] 陈红川．金融支持科技型中小微企业创新发展的研究［J］．西南金融，2014（8）：60-62.

[164] 宋德育．我国高技术产业发展问题初探［J］．经济体制改革，1999（2）：77-80.

[165] 宋慧．山东省科技金融的效率评价及其影响因素分析［D］．济南：山东财经大学，2016.

[166] 宋绪钦．发展科技金融　促进河南经济转型升级的对策研究［J］．决策探索（下半月），2015（11）：25-26.

［167］苏志伟．中国台湾普惠金融体系研究［J］．公司金融研究，2017（1）：29-58.

［168］孙静娟，戴忻，杨际昌．对我国高技术产业统计界定的思考［J］．统计与决策，2008（4）：4-6.

［169］孙伍琴，朱顺林．金融发展促进技术创新的效率研究——基于 Malmuquist 指数的分析［J］．统计研究，2008（3）：46-50.

［170］孙伍琴．金融发展促进技术创新的机制及启示［J］．杭州电子科技大学学报，2009（8）：15-19.

［171］谭笑天，夏青，孙智君．中国高技术产业集群理论研究综述［J］．学习与实践，2009（9）：18-29.

［172］唐绪兵，钟叶姣．论我国技术创新的金融支持［J］．财经理论与实践，2005（5）：65-68.

［173］唐永红，陈宝熙．台湾中小企业融资体系研究［J］．厦门大学学报（哲学社会科学版），2014（4）：76-85.

［174］田卫民．金融发展缘何抑制了经济增长：来自中国省际面板数据的经验证据［J］．经济问题，2017（1）：27-32+120.

［175］汪克亮，杨宝臣，杨力．考虑环境效应的中国省际全要素能源效率研究［J］．管理科学，2010（6）：100-111.

［176］王芳．河南省科技金融结合的绩效评价及对策建议［J］．金融理论与实践，2016，（12）：86-89.

［177］王歌红，杨晓宁．海淀科技金融创新构想［J］．投资北京，2007（5）：76-79.

［178］王海，叶元煦．科技金融结合效益的评价研究［J］．管理科学，2003（2）：67-72.

［179］王海．科技金融结合的运行机制与模式研究［D］．哈尔滨：哈尔滨工业大学，2003.

［180］王嘉珏．科技创新与金融创新的融合之道［J］．今日科技，

2012（9）：20+22+21.

［181］王建，李思慧．研发经费异质性、创新能力与科技金融政策［J］．世界经济与政治论坛，2015（4）：160-172.

［182］王雷，党兴华．R&D经费支出、风险投资与高技术产业发展——基于典型相关分析的中国数据实证研究［J］．研究与发展管理，2008（8）：13-19.

［183］王黎春．河南省科技金融创新互动的思考［J］．创新科技，2016（8）：60-62.

［184］王立志，王喆，高楠．黑龙江省科技金融创新发展的政策建议［J］．金融理论与教学，2017（2）：13-15.

［185］王鹏．完备的服务体系支撑着小企业融资和技术创新——中小企业发展政策国际比较之美国经验［J］．经济研究参考，2011（37）：54-57.

［186］王茜，尉佳．对创新基金资助效应的评价［J］．华东科技，2012（7）：48-49.

［187］王仁祥，杨曼．制度环境、基础设施与“科技—金融”系统效率改善［J］．科学学研究，2017（9）：1313-1319.

［188］王认真．中国省域技术创新的科技金融支持研究［J］．经济问题探索，2014（4）：93-100.

［189］王霞，常婧，王启利．我国科技金融区域发展差异研究［J］．青岛科技大学学报（社会科学版），2013（4）：84-88.

［190］王亚丽，孟祥生．中国科技金融创新支持效率研究：基于企业层面的理论分析与实证研究［J］．南开经济研究，2015（6）：37-53.

［191］王龑，史永东．科技金融反哺银行业的异质性研究——来自区域性银行的经验证据［J］．科学学研究，2017，35（12）：1821-1831.

［192］王龑，史永东．科技金融反哺银行业的异质性研究——来自区域性银行的经验证据［J］．科学学研究，2017，35（12）：1821-1831.

［193］王一鸣．中低技术产业创新：我国乡村产业振兴的一个路径选

择［J］. 科学管理研究，2019，37（4）：68-72.

［194］王益，许小松. 风险资本市场理论与实践［M］. 北京：中国经济出版社，2000：27-91.

［195］王颖，段倩倩，白鹏飞. 北京市科技金融发展历程及现状分析［A］//中国软科学研究会. 第十届中国软科学学术年会论文集［C］. 2015：6.

［196］文竹，文宗川，宿北雁. 基于TRIZ理论的科技金融创新模式研究［J］. 科学管理研究，2012，30（3）：17-19.

［197］吴海燕，单国旗，陈灿强. 科技型企业研发人员职业生涯规划研究［J］. 科技管理研究，2009，29（5）：363-366.

［198］奚宾."建设创新型国家"背景下科技金融结合路径选择［J］. 科技管理研究，2013，33（24）：25-28+39.

［199］习近平. 构建新发展格局实现互利共赢——在亚太经合组织工商领导人对话会上的主旨演讲［EB/OL］. http：//jhsjk.people.cn/article/31937095，2020-11-19.

［200］葸汉霞. 科技金融风险分担机制研究［D］. 兰州：兰州财经大学，2018.

［201］夏鸿义，李永壮，张德环. 国内外典型科技金融模式研究［J］. 北京财贸职业学院学报，2016，32（3）：11-16.

［202］肖科. 政策性金融对我国自主创新成果转化的贡献研究［J］. 科技进步与对策，2009（2）：106-10.

［203］肖龙沧. 对科技金融创新发展的探析：山东实践［J］. 金融发展研究，2011（5）：3-7.

［204］肖泽磊，韩顺法，易志高. 我国科技金融创新体系的构建及实证研究——以武汉市为例［J］. 科技进步与对策，2011，28（18）：6-11.

［205］谢伯阳，房汉廷，欧阳晓明，等. 科技企业发展对金融供给侧改革的需求研究［J］. 经济研究参考，2016（46）：86-105.

［206］谢友才，张红辉．区域科技投入产出效率的 DEA 视窗分析［J］．研究与发展管理，2007（3）．

［207］徐军，田何志，刘立华．广东省科技金融发展制约因素及其对策分析［J］．广东科技，2015，24（10）：12-15.

［208］徐琼．技术效率与前沿面理论评述［J］．财经论丛（浙江财经学院学报），2005（2）：29-34.

［209］徐玉莲，王宏起．科技金融对技术创新的支持作用：基于 Bootstrap 方法的实证分析［J］．科技进步与对策，2012，29（3）：1-4.

［210］徐玉莲，赵文洋，张涛．科技金融成熟度评价指标体系构建与应用［J］．科技进步与对策，2017，34（11）：118-124.

［211］许涤龙，彭大衡．科技金融发展典型模式比较分析及启示——以广东省为例［J］．湖湘论坛，2016，29（5）：59-64.

［212］许正中，吴旭晓．区域高技术产业发展的动态效率分析［J］．科技进步与对策，2011，28（4）：109-114.

［213］杨刚．科技与金融结合的支撑体系研究［J］．工业技术经济，2005（8）：68-70.

［214］杨晓丽，孙凌杉．基于金融产业链的科技金融发展研究——苏州模式的借鉴与启示［J］．科学管理研究，2015，33（2）：52-55.

［215］杨勇．广东科技金融发展模式初探［J］．科技管理研究，2011，31（10）：31-34.

［216］姚洋，章奇．中国工业企业技术效率分析［J］．经济研究，2001（10）：13-19.

［217］姚永玲．科技创新与金融资本融合关系研究［J］．中国科技论坛，2015（9）：5-7.

［218］姚战琪，夏杰长．促进现代金融服务业与科技进步的融合与互动［J］．上海金融，2007（3）：9-13.

［219］叶翔凤，杨擘．以科技金融创新推进战略性新兴产业发展

［J］. 中国高技术企业，2010（23）：32-34.

［220］易信，刘凤良. 金融发展、技术创新与产业结构转型——多部门内生增长理论分析框架［J］. 管理世界，2015（10）：24-39+90.

［221］殷贵梅. 多方共担风险的科技金融苏州模式研究［J］. 金融纵横，2016（7）：77-82+88.

［222］于春艳. 支持中小企业融资制度的国内外比较与借鉴［J］. 中国管理信息化，2011，14（24）：71-73.

［223］余波. 广东科技金融对科技创新的影响研究［D］. 广州：华南理工大学，2016.

［224］余红伟，王俊苏，张旭，等. 科技与金融结合促进了科技型中小企业的高质量发展吗?［J］. 投资研究，2020，39（10）：128-151.

［225］余丽霞，郑洁. 基于 DEA 方法的科技金融结合效率研究——以四川省为例［J］. 会计之友，2019（4）：32-37.

［226］余泳泽. 创新要素集聚、政府支持与科技创新效率——基于省域数据的空间面板计量分析［J］. 经济评论，2011（2）：93-101.

［227］俞立平. 金融支持、政府与企业投入对科技创新的贡献研究［J］. 科研管理，2015（36）：57-63.

［228］张来武. 科技与金融结合是时代的主题——在宁夏科技厅与银川市商业银行"科技与金融业务合作协议暨新闻发布会"上的讲话摘要［J］. 宁夏科技，2003（4）：4-6.

［229］张来武. 科技与金融是一对孪生兄弟［J］. 中国科技财富，2011（7）：10.

［230］张萌. 中国西部地区高技术产业技术创新效率研究［D］. 昆明：云南财经大学，2014.

［231］张明喜，郭滕达，张俊芳. 科技金融发展 40 年：基于演化视角的分析［J］. 中国软科学，2019（3）：20-33.

［232］张勤芬. 公共财政促进科技创新的作用与政策研究［D］. 上

海：上海社会科学院，2009.

［233］张瑞．大力发展科技金融促进中原科技经济发展［J］．创新科技，2014（3）：30-31.

［234］张晓加．沪台科技金融实践比较［J］．海峡科技与产业，2013（4）：63-68.

［235］张兴旺，陈希敏．科技金融创新融合问题研究［J］．科学管理研究，2017，35（2）：100-103.

［236］张缨．科技金融：促进政府创新政策“有效供给”［J］．中国科技论坛，2015（10）：5-8.

［237］张颖．金融创新与技术创新关系的研究［D］．天津：天津大学，2007.

［238］张颖．金融创新与技术创新关系的研究［D］．天津：天津大学，2007.

［239］张玉明．科技型小微企业成长机制［M］．北京．经济科学出版社，2010.

［240］张育明．科技与金融结合的机制与模式［J］．经济学家，2001（4）：127-128.

［241］张云伟，徐珺，周效门．苏州科技金融助推中小企业创新发展经验借鉴［J］．科学发展，2015（10）：93-96.

［242］张志柏，俞自由．创业板市场与机构投资者［J］．上海经济，2001（2）：34-36.

［243］章思诗，李姚矿．基于DEA-Tobit模型的科技金融效率影响因素研究［J］．科技管理研究，2017（6）：29-34.

［244］赵昌文，陈春发，唐英凯．科技金融［M］．北京：科学出版社，2009.

［245］赵恒煜，刘启强．岭南雄狮　创新聚合——狮山专业镇以幸福产业驱动转型升级［J］．广东科技，2015，24（9）：34-37.

［246］赵晓丽，赵越，王玫．演化经济学视角下的环境管制政策与企业竞争力［J］．管理学报，2013，10（4）：602-611.

［247］赵稚薇．科技金融对技术创新的作用效率研究［J］．金融经济，2012（20）：67-69.

［248］郑萌．科技创新与金融创新耦合的机制与实证研究［D］．武汉：武汉理工大学，2013.

［249］郑卓．新常态下河南省科技与金融结合对策研究［J］．赤子（上中旬），2016（15）：109.

［250］周昌发．科技进步发展的保障机制［J］．中国软科学，2011（3）.

［251］周华林，李雪松．Tobit 模型估计方法与应用［J］．经济学动态，2012（5）：105-119.

［252］周明明，王俊芹，王余丁．互联网金融视角下新型农业经营主体的融资模式研究［J］．农村金融研究，2016（8）：73-76.

［253］朱丽丽，宗萍，闫庆友．科技成果转化的科技金融支持机制及发展对策［J］．科技和产业，2011，11（9）：132-134+146.

［254］朱文莉，刘羽萌，赵勇．我国科技金融研究动态探究：基于文献信息的挖掘分析［J］．上海经济研究，2015（7）：72-78+96.